古典文獻研究輯刊

三二編

潘美月・杜潔祥 主編

第44冊

南宋戲謔詩校注
（第七冊）

張福清 著

國家圖書館出版品預行編目資料

南宋戲謔詩校注（第七冊）／張福清 著 -- 初版 -- 新北市：
花木蘭文化事業有限公司，2021〔民 110〕
目 2+188 面；19×26 公分
（古典文獻研究輯刊 三二編；第 44 冊）
ISBN 978-986-518-425-4（精裝）
1. 宋詩 2. 詩話
011.08 110000636

ISBN-978-986-518-425-4

9 789865 184254

古典文獻研究輯刊
三二編 第四四冊 ISBN：978-986-518-425-4

南宋戲謔詩校注（第七冊）

作　　者　張福清
主　　編　潘美月、杜潔祥
總 編 輯　杜潔祥
副總編輯　楊嘉樂
編　　輯　許郁翎、張雅淋　美術編輯　陳逸婷
出　　版　花木蘭文化事業有限公司
發 行 人　高小娟
聯絡地址　235 新北市中和區中安街七二號十三樓
　　　　　電話：02-2923-1455／傳真：02-2923-1452
網　　址　http://www.huamulan.tw 信箱 service@huamulans.com
印　　刷　普羅文化出版廣告事業
初　　版　2021 年 3 月
全書字數　687400 字
定　　價　三二編 47 冊（精裝）台幣 120,000 元　　版權所有‧請勿翻印

南宋戲謔詩校注
（第七冊）

張福清　著

目

次

卷三十二

李　濤

　　李濤，字養源，臨川（今江西撫州）人。與寧宗開禧元年（1205）進士范應鈴（西堂）子在輿有交，當亦生活於寧宗時。著作已佚，僅《南宋六十家小集》中存《蒙泉詩稿》。今錄戲謔詩1首。

春晝迴文一首

　　茶餅嚼時香透齒，水沉燒處碧凝煙〔1〕。紗窗閉著猶慵起〔2〕，極困新晴乍雨天。

〔校注〕

〔1〕水沉：沉香。沉香木重，入水即沉，故稱。杜牧《為人題贈》之一：「桂席塵瑤佩，瓊爐燼水沉。」

〔2〕慵起：懶於起身。白居易《香爐峰下新卜山居草堂初成偶題東壁》詩：「日高睡足猶慵起，小閣重衾不怕寒。」

李南金

李南金，字晉卿，自號三溪冰雪翁，樂平（今屬江西）人。理宗寶慶二年（1226）進士。調光化軍教授。今錄戲謔詩 1 首。

登第後畫師以冠裳寫真戲題

落魄江湖十二年，布衫闊袖裏風煙。如今各樣新裝束，典卻清狂賣卻顛。

劉　翼

　　劉翼（1198～？），字躔父，福唐（今福建福清）人。不喜科舉，獨力於詩，與林希逸同學於陳藻，得其詩法。著有《心遊稿》。今錄戲謔詩 1 首。

戲和劉雪巢題壁韻〔1〕

　　吟懷祇怕俗塵迷，若慕唐人也自癡。要識性情根極處，請觀三百五篇詩。

〔校注〕

〔1〕自注：劉有「不知何處有唐詩」之句。　　劉雪巢：劉克莊《跋周天益詩》云：「昔天台林景思，詩家前輩，號雪巢，近有同人劉某亦號雪巢；建陽劉叔通，考亭高弟，號溪翁，君亦號溪翁。余嘗戲劉君與景思爭巢，今君又與叔通爭溪耶！然景思、叔通詩皆行世，君其勉之。」

王 琮

　　王琮，字宗玉，一字中玉，號雅林，錢塘（今浙江杭州）人。一說括蒼（今浙江麗水）人。信孫。曾監永嘉酒稅、知清江縣。嘉熙間，為江東安撫司參議。著有《雅林小稿》一卷。今錄戲謔詩 1 首。

與劉天遊伯仲夜話雪中戲贈〔1〕

　　水亭新得月，坐對白蘋洲〔2〕。共說一夜話，惜無多日留。手抄詩許借，口誦呪如流〔3〕。最羨同吟處，對床風雨秋。

〔校注〕

〔1〕劉天遊：南宋詞人，生平不詳。《全宋詞》作者介紹云：「王琮《雅林小稿》有《與劉天遊伯仲夜話雪中戲贈》詩。」僅《陽春白雪》存詞一首《氐州第一》。

〔2〕白蘋洲：浙江湖州吳興霅溪有白蘋洲。

〔3〕呪：「咒」的異體字。

宋伯仁

宋伯仁（1199～？），字器之，小字忘機，號雪岩，湖州（今屬浙江）人；一說廣平（今屬河北）人。曾舉宏詞科。工詩，與江湖詩人高翥、孫惟信等論詩交遊。著有《雪岩吟草》《梅花喜神譜》等。今錄戲謔詩8首。

得石刻戲書

蘭亭墨妙總非真〔1〕，石鼓遺文字亦湮〔2〕。更有斷崖刊詛楚〔3〕，遼哉千載笑亡秦〔4〕。

〔校注〕

〔1〕墨妙：書法品評論用語。指書法作品甚為精妙。唐竇臮《述書賦》云：「齊高則文武英威，時來運歸。挺生紹伯，墨妙翰飛。觀乎吐納僧虔，擠排子敬。」唐代張懷瓘《書議》云：「妙用玄通，鄰於神化。然此論雖不足搜索至真之理，亦可謂張、皇墨妙之門。」

〔2〕石鼓：亦稱「獵碣」。戰國時秦刻石。石原在天興（今陝西寶雞）三時原，唐初被發現。共有十石，因石形似鼓，故名。上刻大篆四言詩。發現時文字已殘缺不全。經歷代考證，近人定為秦刻石。現十石文字大多剝泐，第八石文字全部無存。

〔3〕詛楚：《詛楚文》相傳為秦石刻文字。戰國後期秦楚爭霸激烈，秦王祈求天神保祐秦國獲勝，詛咒楚國敗亡，因稱《詛楚文》。《詛楚文》詛咒楚王違背十八世的詛盟，詛咒楚王犯有殷紂同樣的殘暴罪行。

〔4〕蘇軾《詛楚文》：「遼哉千載後，發我一笑粲。」

嘲不識字

難字逢人問，村中一小兒。璋麞寧易辨〔1〕，亥豕似堪疑〔3〕。鹵莽原非莽〔4〕，耕犁別字犂〔5〕。識丁何足道〔6〕，煮字不充饑〔7〕。

〔校注〕

〔1〕璋：古代的一種玉器，形狀像半個圭。麞：獐（麞）子，哺乳動物，似鹿而小，無角，又稱牙獐或河麂。《周禮‧考工記》：「山以章，水以龍。」鄭注：「章讀為獐。獐，山物也。」

〔3〕亥豕：古有人把己亥誤寫作三豕，故後以比喻文字因形近而誤抄、誤刻。《孔子家語‧七十二弟子解》：「卜商衞人，無以尚之。嘗返衞，見讀史志者云：『晉師伐秦，三豕渡河。』子夏曰：『非也，己亥耳。』讀史志者曰：『問諸晉使。』果曰己亥。於是衞以子夏為聖。」

〔4〕鹵莽，自注：莽字音畝。非莽，自注：草莽莽字，冊黨切。宿莽莽字，音母。鹵莽：粗疏。杜甫《空囊》：「世人共鹵莽，吾道屬艱難。」

〔5〕耕犁，自注：十二齊犁字，耕田器，音黎。 字，名賢集、四庫本作「是」。別字犂：自注：六脂犂字，牛駁文，良脂切。

〔6〕識丁：指識字。《舊唐書‧張弘靖傳》：「汝輩挽得兩石力弓，不如識一丁字。」

〔7〕煮字：比喻文人以寫作為生。宋董嗣杲《盧山集‧秋涼懷歸》：「少年偶負投機愧，今日徒工煮字勞。」

累字戲作解愁吟簡舊同僚

愁。知不。空白頭。心事驚秋。歸興滿滄洲〔1〕。貂蟬雖出兜鍪〔2〕。功名有愧黑貂裘〔3〕。夷齊與盜跖總荒丘〔4〕。無非蘧蘧栩栩夢莊周〔5〕。空教笑倒江上煙雨汀鷗。一琴一劍一童一鶴一茶甌。自不須苦苦高臥元龍百尺樓〔6〕。著眼看翻雲覆雨處豪傑總成羞。牙旗金甲蹇驢破帽窮通一任前修〔7〕。五湖千萬頃明月則盡可棹歌橫釣舟。

〔校注〕

〔1〕滄洲：本指濱水的地方，古時隱逸之士往往棲身垂釣於此，後遂以滄洲代指隱士的居處或幽僻之地。三國魏阮嗣宗（籍）《為鄭沖勸晉王箋》：「臨滄洲而謝支伯，登箕山而揖許由。豈不盛乎？」

〔2〕兜鍪：原指古代作戰時戴的盔，代士兵，是一種重要的軍事戰略物資，戰時為頭盔，平時又是煮飯的炊具。「年少萬兜鍪，坐斷東南戰未休。」

〔3〕黑貂裘：戰國時縱橫家蘇秦入秦，游說秦惠王，十次上書，裘敝財盡，未獲知遇而歸。後世用作干謁碰壁，懷才不遇的典故。事見《戰國策》卷十八《趙策一》

〔4〕夷齊：即伯夷、叔齊。見《史記·伯夷列傳》。盜跖：盜賊或盜魁的代稱。《漢書·遊俠傳·郭解》：「至若北道姚氏，西道諸杜，南道仇景，東道佗羽公子，南陽趙調之徒，盜跖而居民間者耳，曷足道哉！」

〔5〕蘧蘧栩栩：蘧蘧，驚動之貌，喻夢中驚醒的狀態；栩栩，忻暢輕悅的樣子，形容蝴蝶翩翩輕舉的姿態。指代夢。

〔6〕高臥元龍：即「元龍高臥」。漢末世亂，許汜在下邳去看陳登，陳登不理，不僅好久不說一句話，而且逕自臥大床，讓許汜臥下床。因為陳登瞧不起許汜只知「求田問舍」，胸無大志，後遂用「元龍高臥、元龍百尺樓、樓上元龍、上下床、臥下床」等形容高處、尊處，高下懸殊；或指尊貴的人；也指簡慢客人。

〔7〕牙旗：軍前大旗。一說旗杆以象牙為飾，一說武臣以爪牙為衛，故稱牙旗。李商隱《重有感》：「玉帳牙旗得上游，安危須共主君憂。」金甲：金製的鎧甲。王昌齡《從軍古意》詩：「黃沙百戰穿金甲，不破樓蘭終不還！」窮通：貧困與顯達。李白《笑歌行》：「男兒窮通當有時，曲腰向君君不知。」前修：前代的賢者。晉張協《雜詩》之四：「川上之歎逝，前修以自勖。」

嘲醉者

李白日斟三百盞，醉時寧記脫朝靴〔1〕。一千八十萬杯酒，百歲消磨未是多。

〔校注〕

〔1〕脫朝靴：李白酒醉後令高力士為其脫靴，喻指蔑視權貴。《舊唐書·文苑傳》：「玄宗度曲，欲造樂府新詞，亟召白，白已臥於酒肆矣。召入，以水灑面，即令秉筆，頃之成十餘章，帝頗嘉之。嘗沉醉殿上，引足令高力士脫靴，由是斥去。」

客樓戲集唐人句

門掩楊花一夜風〔1〕，自憐羈客尚飄篷〔2〕。不堪吟罷東回首〔3〕，鳥傍岩花戲晚紅〔4〕。（杜牧之、李山甫、僧朋來、杜荀鶴）

〔校注〕

〔1〕杜牧之《同趙二十二訪張明府郊居聯句》:「陶潛官罷酒瓶空,門掩楊花一夜風。」

〔2〕溫庭筠《春日將欲東歸寄新及第苗紳先輩（一作下第寄司馬劄）》:「猶喜故人先折桂,自憐羈客尚飄蓬。」此句作「李山甫」。

〔3〕來鵠《清明日與友人遊玉粒（一本無「粒」字）塘莊》:「不堪吟罷東回首,滿耳蛙聲正夕陽。」此句作「僧朋來」。東:《全唐詩》校「一作重」。

〔4〕杜荀鶴《贈友人罷舉赴辟命》:「漁依岸柳眠圓影,鳥傍岩花戲暖紅。」

嘲燕

年來乳燕亦堪羞,不學楊花得自由。飛過幾家門戶去,直須尋見最高樓。

戲作

青梅黃盡雨無多,柳影重重午日過。忽聽隔籬人語笑,採蓮艇子上新河〔1〕。

〔校注〕

〔1〕艇子:船,也指船夫。溫庭筠《晚歸曲》:「蓮塘艇子歸不歸,柳暗桑濃聞布穀。」溫庭筠《西洲曲》:「艇子搖兩槳,催過石頭城。」

席上有舉東坡集歸去來字成詩十首醉中戲續一首

傲世欲何求,歸來已倦遊。琴詩聊自嘯,丘壑復相留。問菊時攜酒,乘風或棹舟。樂天良有以〔1〕,心事老田疇〔2〕。

〔校注〕

〔1〕樂天:無處不快樂。《孟子・梁惠王下》:「以大事小者,樂天者也。以小事大者,畏天者也。」

〔2〕田疇:田,穀田;疇,麻田。泛指田野。王維《早入滎陽界》:「秋晚田疇盛,朝光市井喧。」

葉　茵

　　葉茵（約1200～？），字景文，平江府吳江縣（一云笠澤，今蘇州）人。蕭閒自放，不慕榮利，曾出仕，十年不調，退居同里，築順適堂，與徐璣、林洪等相唱和，有《順適堂吟稿》。今錄戲謔詩2首。

既次韻或非之作解嘲

　　揆子初度日〔1〕，撫杯擬歌辭。衰齡踰五十，敢必登古希〔2〕。自傳始遷固〔3〕，誌銘傳牧之〔4〕。諦觀子儼疏〔5〕，直與浮世違〔6〕。靖節百世師〔7〕，汝無輕笑嗤。諱之寧免歿，不諱達者為〔8〕。假我以耆艾〔9〕，年年續斯詩。

〔校注〕

〔1〕揆：測度；度量；鑒察。《詩經・墉風・定之方中》：「揆之以日，作于楚室。」

〔2〕古希：杜甫詩有「人生七十古來稀」之句，宋人常用作詠七十歲的典故。

〔3〕遷固：漢司馬遷和班固的並稱。南朝梁劉勰《文心雕龍・史傳》：「張衡司史而惑同遷固，元帝王后，欲為立紀，謬亦甚矣。」

〔4〕牧之：杜牧，字牧之。唐朝著名文學家、政論家。

〔5〕諦觀：認真觀察，仔細留意。《五燈會元》卷一八，正法希明：「也須是諸人著眼，各自諦觀。」又見「諦觀法王法，法王法如是」。子儼疏：即「與子儼等疏」，這篇疏文約作於晉義熙十一年（415年）。儼，陶儼，是淵明的長子。疏，是布陳的意思，這裡是一種用於告誡類似書信的文體，內容是分析與說清道理。文章的內容是向兒子們敘說自己的生平與志趣，並告誡兒子們要團結友愛，勉勵他們向品德高尚的人學習。

〔6〕浮世：猶言人間，人世。舊時認為世事虛浮無定，故稱。三國魏阮籍《阮步兵集‧大人先生傳》：「夫大人者，乃與造物同體，天地並生，逍遙浮世，與道俱成」。

〔7〕靖節：晉代文學家陶潛（字淵明）的諡號。

〔8〕達者：通達的人。

〔9〕耆艾：年壽久長。古稱六十歲人為耆，五十歲人為艾。

二子讀詩戲成

　　翁琢五七字，兒親三百篇。要知皆學力〔1〕，未可以言傳。得處有深淺，覺來無後先。殊途歸一轍，飛躍自魚鳶。

〔校注〕

〔1〕學力：學識成就；造詣。宋范大成《送劉唐卿戶曹擢第西歸》：「學力根深方蒂固，功名水到自渠成。」

方　岳

　　方岳（1199～1262），字巨山，號秋崖，祁門（今屬安徽）人。理宗紹定五年（1232）進士，歷南康軍及滁州教授，知袁州，官至吏部侍郎。方岳嫉惡敢言，先後三次為史嵩之、賈似道、丁大全劾論罷官，直聲著於世。其詩與劉克莊齊名，多牢騷激憤之語，亦不拘於一格。著作有《秋崖集》。今錄戲謔詩21首。

演雅

其一

蠛蛸網羅遺逸，離留勸課農桑。鳴蜩吸風飲露，反舌吹笙鼓簧。

其二

蒼鷹守株待兔，白鷺臨淵羨魚。鳲鳩婦嘆于室，蝸牛亦愛吾廬。

趙玉汝自作戲墨見寄各題六言其上〔1〕

鵓鳩

村北村南雨暗，舍東舍西水生。去婦復還何日〔2〕，煙蓑處處春耕〔3〕。

〔校注〕

〔1〕標題，《四庫》本無「見寄」二字。趙玉汝：浙江蕭山西興場人，工詩畫。先為僉（宰），後為倅，即南康郡副守。

〔2〕去婦，指雌鵓鳩。陸璣《詩疏》：鵓鳩陰則屏逐其匹，晴則呼之。語曰：「天將雨，鳩逐婦。」此首所寫乃「雨暗」天，鳩婦被逐，故曰「復還何日」，即天晴何日。

〔3〕煙蓑：即蓑衣。因穿著者常處煙雨之中，故名。宋陸游《溪上小雨》詩：「掃空紫陌紅塵夢，收得煙蓑雨笠身。」

鷺鷥

雪以一江煙水，風乎兩岸菰蒲〔1〕。但得魚磯無恙〔2〕，曲肱之外何須〔3〕。

〔校注〕

〔1〕菰蒲：茭白與菖蒲，均生於水邊。李郢《浙河館》：「雨濕菰蒲斜日月，茅廚煮繭掉車聲。」

〔2〕魚磯：可供垂釣的水邊岩石。

〔3〕曲肱：彎著胳膊當枕頭，後用以比喻清貧而閒適的生活。白居易《閒樂》：「空腹三杯卯後酒，曲肱一覺醉中眠。」

脊令

水落寒塘初冷，霜倒枯荷半傾。莫倚尾能涎涎〔1〕，踏沈一片秋聲。

〔校注〕

〔1〕涎涎：涎水樣的、帶黏性的液體。

鸜鴿

晴樹暖以流憩〔1〕，霜實飽而倦飛。何與人間世事，再三自整緇衣〔2〕。

〔校注〕

〔1〕流憩：散步或休息。陶潛《歸去來兮辭》：「策扶老以流憩，時矯首而遐觀。」

〔2〕緇衣：古人一種官服。黑色，卿士上朝服之。《詩·鄭風·緇衣》：「緇衣之宜兮。」

溪店迴文

啼鶯幾處垂垂柳，乳燕雙飛片片花。溪淺度雲山帶雨，岸崩欹樹草連沙〔1〕。

〔校注〕

〔1〕欹：傾斜。杜甫《飛仙閣》：「萬壑欹疏林，積陽帶奔濤。」

次韻謝兄立春戲擬春帖子〔1〕

其一

泉脈晴融太液池〔2〕，內人初曉玉參差〔3〕。東風認得農祥正〔4〕，吹作豐年御製詩。

〔校注〕

〔1〕謝兄，謝璵，字公玉，號竹山，祁門城西人。朱熹弟子，寶慶二年進士，冀州
　　助教。著有《冀州語錄》《冀州日錄》《竹山遺略》等。

〔2〕泉脈：指地下水的支派脈系。南朝齊謝朓《賦貧民田》詩：「察壞見泉脈，覘
　　星視農正。」

〔3〕內人：宮女。王建《行宮詞》：「當時州縣每年修，皆留內人看玉案。」

〔4〕農祥正：《國語·周語上》：「土氣震發，農祥晨正。」韋昭注：「農祥，房星也。
　　農事之候，故曰農祥也。」立春為四時正始，故曰「農祥正」。

其二

天家觀闕玉重重〔1〕，逼入春皇一信風〔2〕。生意無邊青欲動，微茫
淡靄暖煙中。

〔校注〕

〔1〕觀闕：古代帝王宮門前的兩座樓臺。

〔2〕春皇：傳說中古帝庖犧（伏羲）的別號。晉王嘉《拾遺記·春皇庖犧》：「春皇
　　者，庖犧別號……以木德稱王，故曰春皇。」

其三

天地春回萬壽杯，宮雲留雪玉崔嵬。曉供帖子瓊幡重〔1〕，攜得韶風
下殿來〔2〕。

〔校注〕

〔1〕瓊幡：即春幡。立春日掛春幡，作為春天來到的象徵。

〔2〕韶風：和風。唐李白《上安州李長史書》：「伏惟君侯，明奪秋月，和均韶風，
　　掃塵詞場，振發文雅。」王琦注：「韶風，和風也。」

其四

天與君王共一仁，只將仁與物為春。要令率土無枯槁〔1〕，未賞冰池皺玉鄰。

〔校注〕

〔1〕率土：指疆界之內的土地，意為全部國土。《詩經》有「率土之濱，莫非王臣」語。

其五

青旗簇仗賜銀幡〔1〕，共以升平奉至尊。閶闔千官花底散〔2〕，紫泥香熟詔書溫〔3〕。

〔校注〕

〔1〕銀幡：幡勝，古人春天所戴頭飾。用紙、絹或金銀箔剪作燕、蝶、金錢、小旛（旌旗）等狀，作為飾物，用以歡慶春日來臨，並互相遺贈。《東京夢華錄》「立春」條云：「宰執親王百官，皆賜金銀幡勝。入賀訖，戴歸私第。」

〔2〕閶闔：泛指宮門。王維《和賈舍人早朝大明宮之作》：「九天閶闔開宮殿，萬國衣冠朝至尊。」張九齡《和蘇侍郎小園夕霽》：「清風閶闔至，軒蓋承明歸。」

〔3〕紫泥：皇帝詔書的代稱。古人信札用泥封，泥上蓋印，皇帝詔書則用紫泥封。衛宏《漢舊儀》：「皇帝六璽……皆以武都紫泥封。」後稱詔書為紫泥詔，或簡稱紫泥。唐李白《玉壺吟》：「鳳凰初下紫泥詔，謁帝稱觴登御筵。」

戲簡王尉

其一

半床明月老秋風，未必詩人一例窮。比似樂天猶欠在，是非已落酒杯中。

其二

楚雲遲上木蘭船〔1〕，惹得秋辭亦浪傳。不直翠眉親唱與，故應無分學彭宣〔2〕。

〔校注〕

〔1〕楚雲，歌妓名。《秋崖詩詞校注》卷十一有《七夕鄭文振席上姬有楚雲者為作三弄詩》。木蘭船：杜牧《泊松江》：「清露白雲明月天，與君齊棹木蘭船。」

〔2〕彭宣：字子佩。漢陽夏人。因張禹之薦，入朝任政事。哀帝時受「賜黃金五十斤」，「以關內侯歸家」。後又應召回朝，官至大司空，封長平侯。著《易傳》，已佚。見《漢書·彭宣傳》。

嘲鷺

曾有詩矜白鷺閒，一生詩眼乞山漫。朝來更覺忙於我，雪冱蒼溪不道寒〔1〕。

〔校注〕

〔1〕冱：凍結。杜甫《西枝村尋置草堂地夜宿贊公土室》之一：「要求陽岡暖，苦陟陰嶺冱。」

自嘲〔1〕

耕雨雖微負郭田〔2〕，臥雲不用買山錢〔3〕。春蓑健犢寧無語，又寫前銜見集賢〔4〕。

〔校注〕

〔1〕此首寫於寶祐四年作者為右相程元鳳起復時。

〔2〕負郭田：指近郊良田。《史記·蘇秦列傳》：「蘇秦喟然歎曰：『此一人之身，富貴則親戚畏懼之，貧賤則輕易之，況眾人乎！且使我有雒陽負郭田二頃，吾豈能佩六國相印乎！』」司馬貞索隱：「負者，背也，枕也。近城之地，沃潤流澤，最為膏腴，故曰『負郭』也。」

〔3〕臥雲：隱居山林。唐李白《駕去溫泉後贈楊山人》詩：「待吾盡節報明主，然後相攜臥白雲。」

〔4〕集賢：指集賢院。官署名。唐文學三館之一，掌理秘書圖籍等事。宋沿唐制。

舊傳有客謁一士夫題其刺云琴棋詩酒客因與談笑戲成此詩

癡書到底成何事，只有窮愁上鬢絲。鑄錯空糜六州鐵〔1〕，補鞋不似兩錢錐。誰歟莫逆溪山我，幸甚無能詩酒棋。依舊掛書牛角去〔2〕，笑渠到底是書癡。

〔校注〕

〔1〕鑄錯六州鐵：指重大錯誤或失誤。五代孫光憲《北夢瑣言》卷十四：「（羅）紹威雖豁素心，而紀綱無有，漸為梁祖陵制，竭其帑藏以奉之。忽患腳瘡，痛不可忍，意其牙軍為祟，乃謂親吏曰：『聚六州四十三縣鐵，打一個錯不成也。』」《資治通鑒·唐昭宣帝天祐三年》亦載。

〔2〕掛書牛角：勤於讀書之典故，其主人公是隋唐時期起義軍領袖李密，少年時期發奮讀書，騎在牛背上去看朋友，還不記在牛角上掛一冊《漢書》，邊走邊讀。

戲簡文孺林劑局〔1〕

廣文氍寒不可忍，月邊頓作乘鸞興〔2〕。府公給告使者嗔〔3〕，甘坐畫眉取歸徑。曉攜手版中書堂〔4〕，春風滿身芝朮香〔5〕。物無疵癘清晝長〔6〕，倘有囊中醫國方。

〔校注〕

〔1〕文孺林，《永樂大典》卷一九七八二作「林孺文」。

〔2〕乘鸞：比喻成仙。鸞，舊時傳說鳳凰一類的鳥。傳說春秋時，秦有蕭史善吹簫，穆公女弄玉慕之，穆公遂以女妻之。史教玉學簫作鳳鳴聲，後鳳凰飛止其家，穆公為作鳳臺。一日，夫婦俱乘鳳凰昇天而去。見漢劉向《列仙傳》，唐李群玉《玉真觀》：「高情帝女慕乘鸞，紺髮初簪玉葉冠。」

〔3〕府公：唐時下屬稱節度使、觀察使為府公，也泛稱州、府長官。

〔4〕手版：即笏，朝見時所執以記事。中書堂：政事堂別稱。唐為宰相議事廳。五代時，盧多遜尚年幼，在一道觀內廢壇上抽得古籤一枚，籤詞云：「身出中書堂，須因天水白。登仙五十二，終為蓬海客。」後盧果做到宰相。《舊唐書·職官志》二《門下省》：「舊制：宰相當於門下省議事，謂之政事堂。」

〔5〕芝朮：古代道家服食之草藥。

〔6〕疵癘：災害；疾病。《聖濟總錄·大德重校序》：「物天疵癘，咸濟於仁壽之域矣。」

次韻劉簿觀雪用東坡聚星堂韻禁體物語〔1〕

江皋黯黯飛雲葉〔2〕，淅瀝破窗鳴急雪。亂飄密灑寒正苦，低唱淺斟癡亦絕。凍吟可但筆鋒健，醒狂不覺屐齒折〔3〕。留連急景聊從容，俯

仰幻塵空變滅。舒眉一笑各雲散，轉眼百年如電掣。風凝光眩眼欲花，酒帶潮紅臉生纈〔4〕。劇誇陶語何區區〔5〕，等與謝吟爭屑屑〔6〕。醉翁出令凡馬空，坡老揮毫風燕瞥〔7〕。兩公仙去各已久，一代風流尚誰說〔8〕。吸鯨今夕不可辭〔9〕，醉中有句錚如鐵。

〔校注〕

〔1〕用東坡聚星堂韻：東坡（時在潁州）原詩見《宋詩鈔・東坡詩抄》。原詩小序曰：「元祐六年十一月一日，禱雨張龍公，得小雪，與客會飲聚星堂。忽憶歐陽文忠公作守（汝陰守），雪中約客賦詩，曾禁體物語，於艱難中特出奇麗……」所謂「禁體物語」，即禁用某些描繪事物的詞語入詩。歐陽文忠雪中約客賦詩，禁用玉、月、梨、梅、練、絮、白、舞、鵝、鶴等字。

〔2〕江皋：江岸，江邊地。《楚辭・九歌・湘夫人》：「朝馳余馬兮江皋，夕濟兮西澨。」《漢書・賈山傳》：「地之磽者，雖有善種，不能生焉；江皋河瀕，雖有惡種，無不猥大。」

〔3〕屐齒折：形容喜不自禁。《晉書・謝安傳》：東晉時，謝玄打敗前秦苻堅軍隊的消息傳來，謝安正與客人下圍棋。客人詢問戰況如何，他緩慢地回答道：「孩子們打敗了敵人。」下完棋，邁出室的門檻時，因為心中暗喜，不知不覺地把木屐齒碰斷。

〔4〕纈，原作顯，據四庫本改。　纈（xié）：染花的絲織品；織物上的印染花紋。

〔5〕陶語：陶淵明語：「向北窗高臥，東籬自醉。」

〔6〕謝吟：指晉謝朗、謝道蘊詠雪「如柳絮」「如撒鹽」等語。屑屑：細碎、瑣碎。

〔7〕醉翁：歐陽修。坡老：蘇軾。

〔8〕一代風流：指開創風氣，為當世所景仰的人物。

〔9〕吸鯨：吸川之大鯨。杜甫《飲中八仙歌》：「飲如長鯨吸百川。」

效演雅〔1〕

山溪斗折更蛇行，逗密穿幽見物情。蜜為無花糧道絕，蟻知有雨陣圖成。飲風吸露蟬尸解，聳壑凌霄鶴骨輕。鸒鴿能為祖仁舞〔2〕，狎鷗欲與海翁盟〔3〕。未忘王謝尋常燕，不肯酈生吾友鶯〔4〕。鷺以先後爭食邑，鵲占南北啟門閎。春池潑潑魚當乳，霜渚暗暗鴈不鳴。啄木畫符工出蠱，提壺沽酒為催耕〔5〕。蚌何知識三緘口〔6〕，蟹坐風騷五鼎烹。巴郡畫眉翻律呂，儀秦反舌定縱橫。鵝嗔晉帖得奇字，雞喚祖鞭非惡聲。

飽臥夕陽牛反嚼，誤投幹葉鹿虛驚。一枝棲息鷦鷯足，三窟經營狡兔坯。蝌蚪草泥文字古，蝸涎蘇壁篆書精。首昂蜾蝸貪寧死，壁奮螳螂禍自嬰。山麂見人頭卓朔〔7〕，野鷗得鼠腹彭亨。雉傾族類甘為翳〔8〕，鴨解人言略自名。羊狠濫稱髯主簿，蟬肥薦食楮先生。色雖甚美猿深逝，骨不須多狗必爭。蛙為公乎緣底怒，鳩寧拙耳了無營。勞形大塊皆同夢，蝶化莊周月正明。

〔校注〕

〔1〕此首《四庫》本列入七律。演雅指演繹《爾雅》之作。《爾雅》有釋蟲魚鳥獸專章，方岳以之入詩。

〔2〕鸜鵒：即鴝鵒、八哥。剪其舌端令圓，能效人言。《晉書·謝尚傳》：司徒王導辟為掾，始到府通謁，導謂曰：「聞君能作鴝鵒舞，一座傾想，寧有此理不？」尚曰：「佳！」便著衣幘而舞。導令坐者撫掌擊節。謝尚字祖仁。

〔3〕「狎鷗」句：《列子·黃帝》：「海上之人有好漚（鷗）鳥者，每旦之海上，從漚鳥遊。漚鳥之至者，百住而不止。」

〔4〕「不肯」句：《史記·淮陰侯列傳》：「齊王田廣以酈生賣己，乃烹之。」酈生，漢謀臣酈食其。酈諧音鸝。

〔5〕提壺：鳥名。

〔6〕三緘口：《說苑·敬慎》：「孔子之周，觀於太廟，古陛之前有金人焉。三緘其口而銘其背曰：『古之慎言人也。』」

〔7〕頭卓朔：形容麂性癡，見人則仰首癡望。

〔8〕「雉傾」句：雉，野雞。潘岳《射雉賦》徐爰注曰：獵者少養雉子，至長狎人，能招引野雉，因而獵取之。翳，遮蔽，掩護。

戲呈君用〔1〕

秋崖初無負郭二頃田〔2〕，向來耕舍寒炊煙。負薪行歌遭婦罵，往往倒崖底之枯松，煮崖邊之飛泉〔3〕。龜腸怒吼賣牛具〔4〕，龍骨倒掛行蝸涎〔5〕。乃以農自目，其然豈其然。胥山之窮固亦無一錢〔6〕，較之於我猶差賢。白頭把筆耕六籍〔7〕，芸人芸己皆逢年〔8〕。可曾腰斧響空谷，但聞種之以弘農陶，耨之以絳人玄〔9〕。先生之號則不可，北山久欲移文鐫〔10〕。吾嘗觀諸朝，左右分兩銓〔11〕。若使后夔降典夷作樂〔12〕，各違所長非所便。我今手招白雲與渠語，兩易其任盟當堅。君農我樵萬山

綠，依舊司存雨露邊〔13〕。亦不必承明之廬九入〔14〕，亦不必歲中之官九遷〔15〕。共披煙蓑拜新號，疏駁不到松風前。爛柯扣角醉眠熟〔16〕，佳話留與山中傳。

〔校注〕

〔1〕君用：疑為姚子材，字君用，南宋福州侯官（治今福建福州）人。早年治《周禮》，登慶元五年（1199）進士。寶慶元年（1225），累官至秘書郎。歷任著作佐郎，著作郎。紹定元年（1228），奉祠。另有林錫翁，字君用，延平（今福建南平）人。生於林希逸之後。

〔2〕秋崖：作者方岳，字巨山，號秋崖，歙縣人。負郭：謂靠近城郭。《戰國策·齊策六》：「齊負郭之民有孤狐咺者。」

〔3〕李白《蜀道難》：「連峰去天不盈尺，枯松倒掛倚絕壁。飛湍瀑流爭喧豗，砯崖轉石萬壑雷。」

〔4〕龜腸：《南齊書》卷三三《王僧虔傳》「蟬腹龜腸，為日已久。饑彪能嘯，人邊與肉，餓驎不噬，誰為落毛。」南朝齊沅南令檀珪被罷後，吏部尚書王僧虔用他為征北板行參軍。檀認為職祿太低，不平，以「蟬腹龜腸」叫苦。古人以為龜不食一物，吸氣而生，因而用以喻指饑腸。

〔5〕蝸涎：據說是「蝸」爬行時所分泌出來的黏液。

〔6〕胥山：在吳縣胥口。又名清明山。《史記·伍子胥別傳》云：「吳王夫差令子胥自殺。沉其屍於江，吳人立祠於江上，因命名曰胥山。」然張守節《正義》引《吳地記》云：「胥山，太湖邊胥湖東岸山，西臨胥湖，山有古丞、胥二王府。」乃因太湖中胥湖而得名。

〔7〕六籍：即指「六經」，《詩》《書》《禮》《易》《樂》《春秋》的合稱。

〔8〕芸人：指讀書仕進者。

〔9〕弘農陶：泥硯。韓愈《毛穎傳》：「與絳人陳玄（墨）、弘農陶泓（硯）、會稽楮先生（桑紙）友善。」

〔10〕孔稚圭《北山移文》。

〔11〕銓：衡量輕重。

〔12〕夔：上古之樂神。《山海經·大荒東經》：「東海中有流波山，入海七千里。其上有獸，狀如牛，蒼身而無角，一足，出入水則必風雨，其光如日月，其聲如雷，其名曰夔。」《列子·黃帝》：「堯使夔典樂，擊石拊石，百獸率舞；簫韶九成，鳳凰來儀。」

〔13〕司存：執掌；職掌。

〔14〕廬九：廬江、九江二郡的並稱。

〔15〕九遷：多次遷徙。形容驚擾不安。

〔16〕爛柯：《述異記》：晉人王質入山打柴，觀人下棋，局終發現手中斧柄已爛，回到家裏才知已經過了百年。指歲月流逝，人事變遷。　　扣角：《新序‧雜事五》：春秋時期衛國人寧戚出身清貧，心懷大志，但學識與才能沒有辦法施展。他據說齊桓公尊賢重士，決定到齊國，期望能被欣賞重用。他乘坐牛車前去，巧逢齊桓公出東門。寧戚當即叩敲牛角高聲唱歌來引起齊桓公的注重。後寧戚被齊桓公任用為上卿大夫。後以「扣角」為求仕的典故。

高斯得

高斯得（生卒年不詳），字不妄，邛州蒲江（今屬四川）人。理宗紹定二年（1229）進士。淳祐初召為太常博士，遷秘書郎，後在朝歷秘書監、起居舍人、兼國史院編修官、實錄院檢討官兼侍講。德祐元年，召權兵部尚書，上疏指陳時事，忠憤激烈。遷簽書樞密院事兼參知政事。因處置賈似道事為留夢炎所構，罷。宋亡，隱居苕霅間以卒。有《恥堂文集》等，已佚。今錄戲謔詩2首。

為溫樂堂五綠亭解嘲〔1〕

園林非不佳，名字著難穩。稍與流俗異，譏呵來噂噂〔2〕。我堂名溫樂，竊慕涑水翁〔3〕。我亭名五綠，又希午橋公〔4〕。客來笑不已，誚我何其鄙。拳拳二相國〔5〕，所愛人爵耳。聞之為一哈〔6〕，爭端自予開。嗟予信鄙矣，笑客亦愚哉。相誠吾所愛，何必裴與馬。唐非無李盧〔7〕，宋亦有章蔡〔8〕。爾知相何物，是謂聖賢宅。士而不為此，何以下膏澤。孟軻出畫意〔9〕，宣尼載質心〔10〕。溫豈獨甘樂，裴非錮園林。二扁有深意，客詎窺其涘。吾言豈狂言，刀尺自孔氏。

〔校注〕

〔1〕溫樂堂：《恥堂存稿》卷四《溫樂堂記》云：「景定三年冬，予得西鄰廢屋十餘楹，徹之以益故園，命之曰『老圃』，留其中一堂因而葺之，慕司馬公名園之義，扁之曰『溫樂』。」

〔2〕譏呵：稽查盤問。噂噂：形容吵雜聲。

〔3〕竊慕：傾慕、仰慕。涑水翁：指司馬光。

〔4〕午橋：在洛陽南，為文人名士流連優游之地。午橋公：指居住在午橋的裴公。

〔5〕相國：丞相，為百官之長。此指司馬光和裴度二公。

〔6〕哈：笑，嘲笑。

〔7〕李盧：中唐初期大曆詩人盧綸、李益的合稱。

〔8〕亦，殿本作「何」。　　章蔡：指章惇和蔡京。

〔9〕孟軻：字子輿。戰國時期思想家、教育家。

〔10〕宣尼：《漢書‧平帝紀》：「追諡孔子曰襃成宣尼公。」因以「宣尼」稱孔子。

生日自嘲

　　今朝出門去，路逢揶揄子〔1〕。汝形何龍鍾，汝色何顇頷〔2〕。人皆鑽當路〔3〕，汝獨鑽故紙〔4〕。故紙高泰山，不直一杯水〔5〕。當路眾所趨，汝獨無一字。玉堂炳宮燭〔6〕，金華曳絲履〔7〕。珥筆立螭頭〔8〕，屬車陪豹尾〔9〕。世人共歆羨〔10〕，汝乃獨掩鼻〔11〕。七十不回頭，汝亦自苦耳。抗手謝少年，吾今將仕矣。

〔校注〕

〔1〕揶揄子：譏諷，嘲笑之人。

〔2〕顇頷：憂愁。

〔3〕當路：《孟子‧公孫丑上》：「公孫丑問曰：『夫子當路於齊，管仲、晏子之功可復許乎？』」東漢趙岐注：「如使夫子得當仕路行齊而可以行道⋯⋯」當路，指當仕路。古人稱掌權，或掌權的人為當路。

〔4〕故紙：《北齊書》卷一五《韓軌傳》：「晉明有俠氣，諸勳貴子孫中最留心學問。好酒誕縱⋯⋯告人云：『廢人飲美酒，對名勝。安能作刀筆吏，披反故紙乎？』」韓晉明稱文牘為「故紙」，後遂以「故紙」代指文牘。

〔5〕一杯水：唐李白《答王十二寒夜獨酌有懷》詩：「吟詩作賦北窗裏，萬言不值一杯水。」李白以「一杯水」比喻微不足道。

〔6〕玉堂：玉飾的殿堂，多指朝廷、宮殿。炳：明亮，顯耀。

〔7〕曳：飄動。絲履：以絲作履。比喻奢侈。

〔8〕珥筆：《文選》卷三十七曹子建（植）《求通親親表》：「執鞭珥筆，出從華蓋。」漢時，帝王的侍從近臣把筆插在冠側，準備隨時用以記事，稱珥筆。後世用以代指侍從近臣。螭頭：起居郎、舍人。以兩官分左、右侍立於殿陛螭首作記錄而得名。

〔9〕屬車：皇帝出行時的侍從車子。豹尾：《後漢書·輿服志》：「大駕屬車八十一乘，法駕半之。屬車皆皂蓋赤裏……最後一車懸豹尾，豹尾以前比省中。」指屬車中的豹尾車。

〔10〕歆羨：欣羨、羨慕。

〔11〕掩鼻：《晉書·謝安傳》：「安妻，劉惔妹也，既見家門富貴，而安獨靜退，乃謂曰：『丈夫不如此也？』安掩鼻曰：『恐不免耳！』及萬黜廢，安始有仕進志，時年已四十餘矣。」謝安以掩鼻表示對富貴的淡漠。用手掩蓋鼻子，為嫌惡臭穢之意。

釋紹嵩

釋紹嵩（1194～？）字亞愚，廬陵（今江西吉安）人。嘉定五年，年十九，漫遊鄱陽、九江一帶，遇景感懷，集句作《漁父詞》二卷。紹定中，住持嘉興大雲寺。能詩，自稱「信口而成，不工句法，故自作者隨得隨失」。紹定二年秋，自長沙訪遊江浙，感物寓意，集古人佳句，成《江浙紀行集句詩》七卷。今存戲謔詩 18 首，見《宋代集句詩校注》。

鳳山西亭戲書

日日西亭上〔1〕，憑欄取次看〔2〕。繞崖雲慘慘〔3〕，浥屨露團團〔4〕。書景委紅葉〔5〕，松香掩白檀〔6〕。平生勳業意〔7〕，開鏡影相歡〔8〕。無可、曉瑩、曉瑩、曉瑩、司空曙、齊己、夏倪、張鎡

〔校注〕

〔1〕無可《金州別姚合》句。　　亭，《全唐詩》校「一作臺」。

〔2〕曉瑩斷句。

〔3〕曉瑩斷句。

〔4〕曉瑩斷句。　　浥屨：打濕鞋子。

〔5〕司空曙《秋思呈尹植裴說　一本題下有鄭洞二字　》句。　　書，《全唐詩》作「晝」。
　　晝景：指日光。

〔6〕齊己《東林作寄金陵知己》句。　　掩：遮蓋。言松香勝過檀木香。

〔7〕夏倪斷句。

〔8〕張鎡斷句。

天竺戲書

出郭西湖近〔1〕，貪看立又行〔2〕。園林青氣動〔3〕，日夕白雲生〔4〕。映竹犬初吠〔5〕，緣溪鶴自鳴〔6〕。慇懃下天竺〔7〕，泉石愜幽情〔8〕。張君量、誠齋、鄭谷、賈島、林和靖、方干、誠齋、曉瑩

〔校注〕

〔1〕張釜斷句。

〔2〕楊萬里《雪用歐陽公白戰律仍禁用映雪訪戴等故事賦三首示同社》其三句。

〔3〕鄭谷《咸通十四年府試木向榮 題中用韻》句。

〔4〕賈島《送姚杭州》句。

〔5〕林逋《湖村晚興》句。

〔6〕方干《過朱協律故山》句。

〔7〕楊萬里《人日出遊湖上十首》其三句。

〔8〕釋曉瑩斷句。

東山精舍戲書

迴磧沙銜日〔1〕，荒溪眾樹分〔2〕。行人隨旅鴈〔3〕，尋寺入幽雲〔4〕。遠岫林間見〔5〕，啼鶯夢裏聞〔6〕。湖山雖不語〔7〕，心緒已紛紛〔8〕。賈島、賈島、皇甫冉、賈島、陳與義、寇萊公、祖可、方干

〔校注〕

〔1〕賈島《送友人遊塞》句。　　磧：淺水中的沙石；沙石淺灘。

〔2〕賈島《送惟一遊清涼寺》句。

〔3〕皇甫冉《送柳八員外赴江西》句。

〔4〕賈島《寄賀蘭朋吉》句。

〔5〕陳與義《宿資聖院閣》句。

〔6〕寇準斷句。

〔7〕祖可斷句。

〔8〕方干《君不來》句。

小憩東嶽行宮戲題〔1〕

樹色遙藏店〔2〕，春風入鼓鼙〔3〕。行宮花漠漠〔4〕，孤嶼草萋萋〔5〕。

白鳥飛還立〔6〕，黃鶯歇又啼〔7〕。詩成那用好〔8〕，到處好詩題〔9〕。韋莊、
杜工部、白樂天、賈島、賈島、白樂天、誠齋、李頻

〔校注〕

〔1〕東嶽行宮：道教宮觀，又稱松江嶽廟、松江東嶽廟，位於現上海市松江區舊城
谷陽門外大街。始建於何時已無考，宋尚書右丞朱諤始擴大建築。另有同安東
嶽行宮。

〔2〕韋莊《早發》句。

〔3〕杜甫《春日梓州登樓二首》句。

〔4〕白居易《西行》句。

〔5〕賈島《永福湖和楊鄭州》句。

〔6〕賈島《喜李余自蜀至》句。

〔7〕白居易《三月三日祓禊洛濱》句。

〔8〕楊萬里《初夏日出且雨》句。

〔9〕李頻佚句。

送客歸戲書

險盡途方坦〔1〕，溪鳴錦幄傍〔2〕。暝煙沉古道〔3〕，幽草戀殘陽〔4〕。
寂寂春將晚〔5〕，迢迢日自長〔6〕。東門因送客〔7〕，行得汗如漿〔8〕。誠齋、
溫飛卿、懷古、惠崇、杜工部、張耒、賈島、誠齋

〔校注〕

〔1〕楊萬里《午過烏東》句。　　　方，《全宋詩》作「初」。

〔2〕溫庭筠《題翠微寺二十二韻　太宗昇遐之所　》句。　　　錦幢：錦製的帷幄。亦
泛指華美的帳幕。

〔3〕釋懷古《灞陵秋居酬友人見寄》句。

〔4〕釋宇昭《幽居即事》句。此句作「惠崇」。

〔5〕杜甫《江亭》句。

〔6〕張耒《春寒二首》其二句。

〔7〕賈島《寄胡遇》句。

〔8〕楊萬里《過岑水》句。

客中戲書（二首）

其一

杖屨千崖表〔1〕，江山故作妍〔2〕。捫蘿懷鳥道〔3〕，踏石過溪泉〔4〕。野濕禾中露〔5〕，秋明樹外天〔6〕。白頭何所恨〔7〕，隨處一欣然〔8〕。誠齋、陳師道、李彭、溫飛卿、鄭谷、張耒、陳克、朱晦翁

〔校注〕

〔1〕楊萬里《登大鞋嶺望大海》句。

〔2〕陳師道《覽勝亭》句。

〔3〕李彭《次韻九弟遊雲居》句。

〔4〕溫庭筠《清旦題採藥翁草堂》句。

〔5〕鄭谷《郊野》句。　　禾，《全唐詩》校「一作林」。

〔6〕張耒《八月十一日晨興三首》其二句。

〔7〕陳克斷句。

〔8〕朱熹斷句。又見於陸游《棧路書事》、《新晴》、《立冬日作》、《閒詠二首》其一。疑此句非朱熹句。

其二

遠笛招幽響〔1〕，無人竹插墀〔2〕。馬嘶遊寺客〔3〕，鴉護落巢兒〔4〕。日轉槐陰暮〔5〕，天高秋氣悲〔6〕。還應重風景〔7〕，時作一篇詩〔8〕。王大受、皎然、韋莊、杜工部、潘邠老、戴叔倫、雍陶、杜荀鶴

〔校注〕

〔1〕王大受斷句。

〔2〕皎然《早秋桐廬思歸示道諺上人》句。　　墀：宮殿前臺階上面的空地，泛指臺階。

〔3〕韋莊《嘉會里閒居》句。　　遊寺客：指遊覽寺廟之香客。

〔4〕杜甫《重過何氏五首》其二句。

〔5〕潘大臨《春日書懷》句。　　槐，《全宋詩》作「淮」。

〔6〕戴叔倫《早行寄朱山人放》句。

〔7〕雍陶《和劉補闕秋園寓興六首》其五句。　　應，《全唐詩》作「因」。

〔8〕杜荀鶴《送舍弟》句。

寓山寺戲成

　　寺在猿啼外〔1〕，都無俗到來〔2〕。岸花開且落〔3〕，水鳥去仍回〔4〕。果落方知熟〔5〕，詩成未費才〔6〕。逍遙此中意〔7〕，老子興悠哉〔8〕！冠萊公、畢仲游、韋承慶、杜工部、司馬溫公、誠齋、劉放、楊濟翁

〔校注〕

〔1〕寇準《題巴東寺》句。

〔2〕畢仲游斷句。

〔3〕馬周《凌朝浮江旅思　一作韋承慶詩》句。

〔4〕杜甫《雨》句。　　去，《全唐詩》作「過」，並校「一作去」。

〔5〕司馬光《奉和大夫同年張兄會南園詩》句。

〔6〕楊萬里《題湘中館二首》其二句。

〔7〕劉放《泛舟》句。又見於劉放斷句。

〔8〕楊炎正斷句。

戲筆

　　地僻人稀到〔1〕，東郊自養蒙〔2〕。山遙天接樹〔3〕，夜靜月藏風〔4〕。岸柳含煙翠〔5〕，江花脫晚紅〔6〕。詩應是遊戲〔7〕，吟嘯不須工〔8〕。正宗、張祜、尚能、李若水、法燈、王荊公、李祁、陳無己

〔校注〕

〔1〕釋正宗斷句。又，釋智圓《孤山閒居次韻酬辯才大師》、黃公度《家僮歸得王慶長消息知留浙中秋舉》、趙善信《車轂院書懷》、蔡勘《水閣偶成二首》其一、劉大綱《碧沼寺》其二、張鎡《寒食》、裘萬頃《用鄭浮梁韻簡圜師二首》其二、戴復古《山中少憩》、胡仲弓《贈譚山人》等詩中均有此句。

〔2〕張祜《江南雜題三十首》其二十三句。　　養蒙：《易·蒙》：「蒙以養正，聖功也。」孔穎達疏：「能以蒙昧隱然自養正道，乃成至聖之功。」

〔3〕尚能《京口僧院》句。

〔4〕李若水斷句。

〔5〕法燈《擬寒山》句。

〔6〕王安石《江上》句。

〔7〕李祁斷句。

〔8〕陳師道《泛淮》句。

坐夏淨慈戲書解嘲

南屏寄傲且今年〔1〕，況復相羊得自便〔2〕。天下無人閒似我〔3〕，閒中方寸闊於天〔4〕。曉瑩、曉瑩、誠齋、杜荀鶴

〔校注〕

〔1〕曉瑩斷句。　　南屏：村名。位於徽州黟縣城西南。村後南屏山，方整如屏，秀麗似畫。「屏風擁翠」為八景之一。

〔2〕曉瑩斷句。　　相羊：亦作「相佯」。亦作「相徉」。　　徘徊；盤桓。《楚辭‧離騷》：「折若木以拂日兮，聊逍遙以相羊。」洪興祖補注：「相羊，猶徘徊也。」

〔3〕楊萬里《十六日夜再同子文巨濟李叔粲南溪步月》句。

〔4〕杜荀鶴《題德玄上人院》句。

橫山雨中戲作

春風相引與詩情〔1〕，江上閒沖細雨行〔2〕。最感橫山山上塔〔3〕，幾回相送復相迎〔4〕。皮日休、韋莊、誠齋、曉瑩

〔校注〕

〔1〕皮日休《襄州春遊》句。

〔2〕韋莊《撫州江口雨中作》句。　　閒沖：韋莊《浣花集》卷四《贈野童》：「閒沖暮雨騎牛去。」意悠閒地沖刷。

〔3〕楊萬里《過橫山塔下》句。　　橫山：位於浙江衢州龍游縣東北。山上有塔名橫山塔，而相關史志記載：「建於明嘉靖十三年（1534年），塔磚有『大明嘉靖甲午橫山』等字。」顯然有誤，此塔至少應建於南宋中期。

〔4〕曉瑩斷句。又見於寶曇《渡錢塘二首》其一。

舟中戲書（二首）

其一

芳草青青古渡頭〔1〕，扁舟幾日為詩留〔2〕。心閒對境渾無競〔3〕，寂寂長江萬里流〔4〕。崔櫓、晁叔用、趙紫芝、蓋嘉運

〔校注〕

〔1〕崔櫓《春晚泊船江村》句。

〔2〕晁沖之《送僧歸建州》句。又見其斷句。

〔3〕趙師秀佚句。

〔4〕張祜《胡渭州》句。此句作「蓋嘉運」。

其二

十二峯前且繫船〔1〕，眼中百里舊山川〔2〕。遙知此夕多情思〔3〕，江月隨人處處圓〔4〕。呂居仁、祖可、山谷、溫飛卿

〔校注〕

〔1〕呂本中斷句。

〔2〕祖可《李伯時作淵明歸去來圖王性之刻於琢玉坊病僧祖可見而賦詩》句。

〔3〕黃庭堅《中秋》句。

〔4〕溫庭筠《送崔郎中赴幕》句。

放舟戲書（二首）

其一

放纜山溪一葉輕〔1〕，樹頭半落半猶青〔2〕。竹間飛下雙鸂鶒〔3〕，天作人間小畫屏〔4〕。誠齋、誠齋、誠齋、盧襄

〔校注〕

〔1〕楊萬里《自值夏小溪泛舟出大江》句。　　纜，《全宋詩》作「溜」。《楊萬里詩文集》亦作「溜」。　　放溜：放船順流而下。

〔2〕楊萬里《戲題郡齋水墨坐屏二面二首》其一句。　　頭，《全宋詩》作「林」。

〔3〕韓駒《陽羨葛亞卿為海陵尉作葺春軒余為賦之》句。此句作「誠齋」。　　竹間，《全宋詩》作「灘前」。楊萬里《寄題劉正卿雙清軒》詩與之相似。　　鸂鶒：一種水鳥，其形狀和鴛鴦相似，羽毛五綵兼備而多紫色，頭部有冠狀羽纓，尾部上翹，民間視為吉祥之禽，常用作裝飾紋樣。

〔4〕盧襄斷句。

其二

兩岸蕭蕭蘆荻秋〔1〕，斜風細雨轉船頭〔2〕。年來頻作江頭夢〔3〕，須向山陰上小舟〔4〕。劉夢得、山谷、山谷、杜工部

〔校注〕

〔1〕劉禹錫《西塞山懷古》句。 兩岸，《全唐詩》作「故壘」。《全唐詩》校「一作而今四海歸皇化，兩岸蕭蕭蘆荻秋。」 故壘：過去的營壘。 蘆荻：蘆葦和荻草。

〔2〕黃庭堅《漁父詞》句。又見於蘇洞《苕溪雜興四首》其一。

〔3〕黃庭堅《題宗室大年畫二首 山谷集題作大年小景》其一句。 頭，《全宋詩》作「湖」。 江湖夢：指歸隱之夢。

〔4〕杜甫《卜居》句。

舟中戲書

喬木荒城古渡頭〔1〕，鳥啼花落水空流〔2〕。從吾所好煙波上〔3〕，秪在船中老便休〔4〕。皇甫冉、劉岡、徐師川、杜荀鶴

〔校注〕

〔1〕皇甫冉《宿淮陰南樓酬常伯能》句。

〔2〕劉商《送王永二首 一作合溪送王永歸東郭 》其一句。此句誤作「劉岡」。賈雲華集句詩《永別》其三亦集此句。

〔3〕徐俯斷句。

〔4〕杜荀鶴《雋陽道中》句。

遊張園觀海棠戲作

春色都將付海棠〔1〕，羣仙會處錦屏張〔2〕。約齋妙出春風手〔3〕，子美無情為發揚〔4〕。誠齋、張芸叟、誠齋、鄭谷

〔校注〕

〔1〕楊萬里《寄題喻叔奇國博郎中園亭二十六詠·海棠塢》句。 海棠：落葉小喬木，花開為淡紅色，宜觀賞。

〔2〕張舜民《移岳州去房陵道中見海棠》句。

〔3〕楊萬里《觀張功父南湖海棠杖藜走筆三首》其一句。 約齋：指張鎡。鎡，字功甫（父），號約齋居士。

〔4〕鄭谷《蜀中賞海棠》句。 情，《全唐詩》作「心」，並校「一作情」。子美：杜甫，字子美。

客樓戲集唐人句

門掩楊花一夜風〔1〕，自憐羈客尚飄蓬〔2〕。不堪吟罷東回首〔3〕，鳥傍巖花戲晚紅〔4〕。杜牧之、杜牧之、僧朋來、杜荀鶴

〔校注〕

〔1〕杜牧《同趙二十二訪張明府郊居聯句》句。

〔2〕溫庭筠《春日將欲東歸寄新及第苗紳先輩 一作下第寄司馬札》句。此句作「杜牧之」。

〔3〕來鵠《清明日與友人遊玉粒 一本無粒字 塘莊》句。此句作「僧朋來」。 東：《全唐詩》校「一作重」。

〔4〕杜荀鶴《贈友人罷舉赴辟命》句。

趙孟堅

趙孟堅（1199～1264），字子固，號彝齋居士，浙江湖州人，曾居海鹽。太祖十一世孫。理宗寶慶二年（1266）進士。累官翰林學士承旨、終知嚴州。博學工詩文，善書畫，時人比之米芾。宋亡，隱居秀州（今浙江嘉興），恥與出仕元朝的從弟趙孟頫往來。著有《梅譜》《彝齋文編》等。今錄戲謔詩 5 首。

夜飲歸戲作

夜雪合三更，崑崙兵密渡。常時喜慨談，此夕若親睹。杯行數已長，談辯氣掀舉。微酣上籃輿〔1〕，迢迢向歸路。出門林盡白，飛雪正零舞。苦寒嗟僕夫，鱉跋良窘步。北風惡打頭，滅燭失四顧。平生功名心，每作艱危慮。小試應危機，卻輿自行去。腳力幸未衰，乘之酒力怒。踏雪如踏雲，了不見辛苦。尚奚畏泥塗，寧恤雙靴污。僕失莫余追，瞥若肘生羽。騫騰甫登橋〔2〕，健翎已逾兔。還歸坐中堂，長嘯默不語。絲鬢且勿生，未謂余不武。夜雪向桑乾〔3〕，立勳期晚暮。凜凜金石心，捐軀事明主。

〔校注〕

〔1〕籃輿：古代供人乘坐的交通工具，形制不一，一般以人力抬著行走，類似後世的轎子。

〔2〕騫騰：飛騰。

〔3〕桑乾：河名。今永定河之上游。相傳每年桑椹成熟時河水乾涸，故名。

青春能幾何

其一

青春能幾何，青春能幾何。蒼髯紺髮看成皤〔1〕，亦有紅顏嫩於花，東風馳道屬誰家。可道光陰流電轉，草上霜飛峭如篲。心如不知恍重見，心語不通惟見面。重見面，愁轉多。歸來銀燭炯長夜，歎息青春能幾何。

〔校注〕

〔1〕蒼髯：灰白色的鬍子。紺髮：紺色頭髮，泛指道士姿容。皤：白色。多指鬚髮斑白。

其二

青春能幾何，青春能幾何。日烏月兔去如梭〔1〕，膠黏難安枝上花。頗惜相逢殊草草，中心有言不複道。鵲喜傳訛易顛倒〔2〕，想得也應生懊惱。謾自有千金，無方駐臉霞。休言洛陽看花伴，經年浪蕩不歸家。君不見青春能幾何。

〔校注〕

〔1〕日烏：太陽。古代傳說日中有三足烏，故稱。月兔：指月中的白兔。亦借指月亮。

〔2〕鵲喜：鵲的鳴叫聲。舊傳以鵲鳴聲兆喜，故稱。

二禽言戲贈難弟〔1〕

歸歸歸〔2〕

歸歸歸，三月將盡方始啼。木林翠密陰成幄，花片紅嫣風蕩飛。歸歸歸，汝既勸歸胡不歸〔3〕。歸來深院日正長，煮酒菖蒲玉屑香〔4〕。醉眠藤床覺晚涼，須臾月色到迴廊。歸歸歸，真個歸來樂未央〔5〕。

〔校注〕

〔1〕禽言：詩體名。以禽鳥為題，將鳥名隱入詩句，象聲取義，以抒情寫態。難弟：指仕元的趙孟頫。《世說新語·德行》載：「陳元方子長文有英才，與季方子孝先，各論其父功德。爭之不決，諮於太丘（二人祖父陳寔，曾官太丘長）。太丘曰：『元方難為兄，季方難為弟。』」意云兄弟二人才德相當，難分高下。

〔2〕自注：西浙暮春有禽鳴，連三聲皆叫「歸」。

〔3〕胡不歸：為什麼不回家。陶潛《歸去來兮辭》：「田園將蕪胡不歸？」

〔4〕「煮酒」句：意謂端午節飲用菖蒲浸製的藥酒。玉屑，指香粉。《群音選‧雙忠記‧張母憶兒》：「又節屆端陽，酒泛菖蒲玉屑香。」

〔5〕樂未央：「長樂未央」的略語。猶言永遠歡樂，歡樂不盡。漢代常用的吉祥語。當時的瓦當上多飾有「長樂未央」的文字陽紋。並以「長樂」「未央」為宮殿名。

篤篤篤〔1〕

篤篤篤，日長正午睡初熟。誰其扣門訪幽獨，見他利喙啄枯木。枯木中間能有幾，小蟲何足飽爾腹，盡日勞苦食不足。篤篤篤，此聲尚且聒人耳〔2〕，人之多言寧不瀆〔3〕。戒之哉，篤篤篤。

〔校注〕

〔1〕自注：「此啄木兒也，因其聲以謂之。」啄木兒，即啄木鳥。篤篤篤：啄木的聲音。

〔2〕聒人耳：聲音刺耳，煩擾人。

〔3〕不瀆：不傲慢。《易‧繫辭下》：「君子上交不諂，下交不瀆。」

卷三十三

蕭　澥

蕭澥，字泛之，號金精山民，寧都（今屬江西）人。理宗紹定中，隱居金精山。淳祐七年進士。著有《竹外蛩吟稿》，已佚。今錄戲謔詩 2 首。

戲效玉臺體〔1〕

薄倖拋人輕似梭，憶君還似恨君多。此心至竟真相憶，到得恨時無奈何。

〔校注〕

〔1〕玉臺體：指《玉臺新詠》為代表的一種詩風。南朝徐陵於梁中葉選編《玉臺新詠》詩集，共為十卷，其自序中稱編纂宗旨為「選錄豔歌」，即收集男女閨情之作，豔情詩居多，且文辭纖豔，後遂稱這一類型的作品為玉臺體。

江上冬日效石湖田園雜詠體

溪落洲荒水半篙，枯楊兩岸冷蕭騷。田家預辦來年事，加得陂頭一丈高。

李昂英

　　李昂英（1201～1257），字俊明，號文溪，番禺（今廣州）人。理宗寶慶二年（1226）進士。累官吏部侍郎，累擢龍圖閣待制。立朝有節，彈劾不避權貴，聲名卓著。諡忠簡。有《文溪集》。今錄戲謔詩2首。

羅浮何君祐夫相訪惠詩又出所作水墨魚戲題卷末〔1〕

　　山頭釣引千鈞魚，鐵橋曾逢稚川奴〔2〕。風波平地誤點額〔3〕，戲取墨汁翻模糊。縱觀濠上契妙趣〔4〕，浩浩胸次涵江湖。墨雲忽從硯池起，撥剌跳出形模殊〔5〕。大魚騰驤撼風雨，小魚瑣碎遊苻蒲〔6〕。技如元放幾許奇〔7〕，金盤一個松江鱸。試張亭前漲波影，舂鋤飛下傍睢盱〔8〕。世間畫史少活筆〔9〕，描寫終類鮒肆枯〔10〕。文溪一灣浮釣徒，欠得龍眠為嚴瀨羊裘圖〔11〕。

〔校注〕

〔1〕羅浮：山名。在廣東博羅、河源、增城交界處，相傳東晉道士葛洪煉丹於此而著稱。何祐夫：不詳，作者朋友。

〔2〕稚川：道家傳說的仙都，為稚川真君所居。據傳，唐玄宗時，僧契虛入商山，遇棒子（肩背竹簍的商販），同遊山頂，見有城邑宮闕，璣玉交映於雲霞之外。棒子指語：此仙都稚川也。至一殿，見一人具簪笏，憑玉幾而坐，其貌甚偉，侍衛環列，呵禁極嚴，曰是稚川真君。

〔3〕風波平地：比喻突然發生了事故或變化。點額：指仕途失意或科場落第。

〔4〕濠上：借指遊樂之地。契：指志趣投合的友人。

〔5〕拔刺：擬聲詞，形容魚在水裏跳躍的聲音。形模：形狀相貌。

〔6〕荇：荇菜。蒲：香蒲。

〔7〕元放：干寶《搜神記》載：「左慈，字元放，廬江人也。少有神通。嘗在曹公座，公笑顧眾賓曰：『今日高會，珍羞略備。所少者，吳松江鱸魚為膾。』放云：「此易得耳。」因求銅盤貯水，以竹竿餌釣於盤中。須臾，引一鱸魚出。公大拊掌，會者皆惊。公曰：『一魚不周坐客，得兩為佳。』放乃復餌釣之。須臾，引出，皆三尺餘，生鮮可愛。公便自前膾之，周賜座席。」

〔8〕春鋤：鳥名，即白鷺。睢盱：迅疾貌。

〔9〕活筆：有變化、得氣韻之用筆。

〔10〕鮒肆枯：指擺在攤上賣的乾鯽魚。

〔11〕龍眠：北宋畫家李公麟，號龍眠居士。嚴瀨：借指隱居之處。羊裘：《後漢書》卷八十三《逸民傳·嚴光傳》：「嚴光字子陵，一名遵，會稽餘姚人也。少有高名，與光武同遊學。及光武即位，乃變名姓，隱身不見。帝思其賢，乃令以物色訪之。後齊國上言：『有一男子，披羊裘釣澤中。』帝疑其光，乃備安車玄纁，遣使聘之。」東漢隱士嚴光不求富貴，安於羊裘漁釣的生活。後世用作隱於貧困的典故。

戲題羅浮梁彌仙寫真

八十童顏雙眼明，浪遊湖海一身輕。莫將啖肉先生比〔1〕，個是羅浮老樹精。

〔校注〕

〔1〕啖肉：肉可共啖，《晉書·郭舒傳》：「鄉人盜食舒牛，事覺來謝，舒曰：『卿饑所以食牛耳，餘肉可共啖之。』世以此服其弘量。」

趙汝騰

趙汝騰（？～1261），字茂實，號庸齋，晚號紫霞翁。宋宗室，居福州古田。從學於朱熹門人黃榦，理宗寶慶二年（1226）進士。官室禮部尚書兼給事中、翰林學士承旨。景定二年卒，諡忠清。其平生一言不妄發，一錢不妄取。著有《庸齋集》。今錄戲謔詩 2 首。

景南將赴武昌道出剡溪戲成贈行〔1〕

丈夫未遇時，流俗多白眼。張耳能致千里客〔2〕，相如竟輊萬金產〔3〕。方子一世英，要路爭力挽。行行取侯封，何必守蠹簡。

〔校注〕

〔1〕景南：吳丙（1186～1251），字景南，福州永福（今福建永泰）人，嘉定十年（1217）進士，歷任松溪縣主簿、知安溪縣等職，官終朝散郎、監左藏西庫。
剡溪：即曹娥江之上游。

〔2〕張耳：秦末農民起義軍將領、漢初諸侯王。大梁（今河南開封）人。千里客：指遠方客居之人。《史記》卷八十九《張耳列傳》：「張耳嘗亡命，遊外黃。……女家厚奉給張耳，張耳以故致千里客。乃宦魏為外黃令。」

〔3〕相如：司馬相如，字長卿，蜀郡成都人，景帝時任散騎常侍，後免官遊梁。輊：放棄。

陳謂老見過云今年六十有九將預為周身之防余曰君定未死不如覓錢沽酒耳用戲成拙句贈行〔1〕

荷鍤自隨劉伯倫〔2〕，裸葬舊聞楊王孫〔3〕。偉哉二子真曠達，身雖殞滅名獨存。要知形骸本外物，中有妙用超六根〔4〕。火風地水歸四大〔5〕，夢幻泡影何足論〔6〕。君不見桓魋石槨秦鐵戶〔7〕，歌鍾未徹野火焚。不如得錢即沽酒，時時醉倒三家村。

〔校注〕

〔1〕陳謂老：作者朋友，餘不詳。

〔2〕劉伯倫：劉伶，字伯倫，晉沛國（今安徽濉溪）人，竹林七賢之一。

〔3〕楊王孫：《漢書》載，西漢時的楊王孫因不滿世俗厚葬之風，認為生死是事物的自然變化，人死後「其屍塊然獨處」，毫無知覺。決意裸葬，以布囊盛屍，入葬時從足引脫其囊，以身親土，以矯世風。著有《裸葬論》。

〔4〕六根：又作六情。指六種感覺器官，或認識能力。為十二處之內六處，十八界之六根界。根，為認識器官之意。即眼根、耳根、鼻根、舌根、身根、意根。

〔5〕四大：佛教指地、水、火、風四種構成「色法（相當於物質）」的四個基本原素。

〔6〕夢幻：夢裏的幻境。比喻空妄虛無。泡影：形容世事虛幻，人生短暫。

〔7〕桓魋：又稱向魋。春秋時宋國大夫。宋桓公後代，向戌曾孫。官居司馬，又稱桓司馬。石槨：古墓中置棺的石室。

林尚仁

林尚仁，字潤叟，號端隱。福州長樂（今福建閩侯）人。卜居鄉間，手自種竹，題曰「竹所」，吟嘯其中，自號「端隱」，以示終老山林、不復仕進之意。著有《端隱吟稿》一卷。今錄戲謔詩 1 首。

戲友人買侍兒歸

幾扣吟窗多不遇，識君雖久會君稀。近聞行李擔書去，添得明珠伴劍歸〔1〕。開甕酒香春繞屋，倚欄人醉月侵衣。野夫別有觀心法〔2〕，不在深山獨掩扉。

〔校注〕

〔1〕明珠：珍珠，比喻珍愛的人或美好珍貴的事物。此指侍兒。

〔2〕觀心法：用心意來克服雜念，使內心保持平靜。《道樞・華陽篇》：「吾有觀心之法，一念不生，如持盤水，湛然常清焉。」

蕭立之

蕭立之（1203～？），一名立等，字斯立，號冰崖，寧都（今屬江西）人。理宗淳祐十年（1250）進士，知南城縣，歷南昌推官、辰州判，世亂歸隱。專力於詩，嘗為謝枋得所知。有《蕭冰崖先生詩集》。今錄戲謔詩 10 首。

雨中過北湖戲作

玉虹飲湖湖欲乾，蒼林搖落金彈丸〔1〕。黃泥阪深沒白馬，野渡落日人爭船。山城草草魚菜市，乳鶯呼雛飛不起。練花曉薄客棲寒〔2〕，自買湘羅裁半臂〔3〕。誰家玉手鳴象床〔4〕，藕絲夜織芙蓉裳〔5〕。等得船成看花口，一屏秋色楚雲香〔6〕。

〔校注〕

〔1〕金彈丸：以此喻落雨。

〔2〕練花：即楝花。宋陸游《幽棲》詩之二：「雨便梧葉大，風度練花香。」宋陸游《雨中示子聿》詩：「瓜蔓水生初抹岸，練花寒動卻添衣。」

〔3〕湘羅：指碧色羅衣。半臂：隋唐時婦女服裝。又稱半袖，一種半袖上衣。有對襟、套頭、翻領或無領式樣，袖長齊肘，身長及腰，以小帶子當胸結住。因領口寬大，穿時袒露上胸。多穿在衫襦之外。流行於隋代宮廷內，先為宮中內官、女史所服，唐代傳至民間，歷久不衰。

〔4〕象床：象牙製作或裝飾的床。戰國中晚期，齊國孟嘗君田文出遊楚國，楚王將價值千金的象床送給他。經楚、齊兩國謀士勸告，孟嘗君沒有接受。事見《戰國策・齊策三》。楚墓中出土的床多為木製，未曾見象床。以楚墓出土的角質製品推測，象床當以經過雕鏤的象牙拼接而成。

〔5〕芙蓉裳：《楚辭·離騷》：「製芰荷以為衣兮，集芙蓉以為裳。」以芙蓉為裳，是詩人屈原表達自己的志趣高潔，不同流合污的品行，後遂用為象徵人的志行高潔的典故。宋黃庭堅《贛上食蓮有感》詩：「安得同袍子，歸製芙蓉裳。」

〔6〕楚雲：楚天之雲。

有感戲隱括曹景宗語〔1〕

少年快馬如遊龍，鼻尖出火耳生風〔2〕。柘弓放箭餓鴟叫〔3〕，數肋射麞平澤中〔4〕。渴饑食肉飲血乳，甜如天廚薦甘露〔5〕。誰能揚州稱貴人，閉置車中作新婦。

〔校注〕

〔1〕曹景宗（457～508）：字子震，新野（今河南境內）人。南朝梁將。父曹欣之是南朝宋大將，位至征虜將軍、徐州刺史。

〔2〕鼻尖出火：作「鼻頭出火」，形容意氣風發；情緒激昂。《南史·曹景宗傳》：「我昔在鄉里，騎快馬如龍，與年少輩數十騎，柘弓弦作霹靂聲，箭如餓鴟叫，平澤中逐獐，數肋射之，渴飲其血，饑食其脯，甜如甘露漿，覺耳後生風，鼻頭出火，此樂使人忘死。」

〔3〕柘弓：用柘木做成的弓。北周庾信《庾子山集·春賦》：「金鞍始被，柘弓新張。」

〔4〕獐：哺乳動物，形狀像鹿，毛較粗，頭上無角，雄的有長牙露出嘴外。

〔5〕天廚：皇帝的庖廚。唐蕭至忠《送張亶赴朔方應制》詩：「推食天廚至，投醪御酒傳。」宋蘇轍《元祐八年生日謝表》之一：「老逢誕日，泣養親之無從，賜出天廚，愧君恩之莫報。」薦：進獻。

送厚齋陳持正歸括蒼效山谷體有贈〔1〕

贈君白紵白且鮮〔2〕，絡繹機杼秋風前〔3〕。為君裁作山人衣，披雲拂石弄潺湲〔4〕。贈君紙帳清且華〔5〕，機綃水底溪工家。夜深擁被蝴蝶床，滿身明月臥蘆花。聊厚不為薄，中有故人心。平生湖海交〔6〕，詎得商淺深。飛鳶亭下闌干雨，蒼玉洞前斜日樹。詩來一鏃箭鋒直，直置本初何足數。恨我不與柴桑期〔7〕，多君且賦羌村詩〔8〕。細君迎笑兒女舞〔9〕，床頭酒香雞鶩肥。一城行色人催動，回首龍山煙翠重。敲推不定起尋君，前度莓苔千里夢。

〔校注〕

〔1〕括蒼：浙江省台州市臨海市下轄的一個鎮，因其境內的括蒼山而得名。山谷體：
　　　是宋黃庭堅一派的詩體。後衍為江西詩派。黃庭堅作詩以學杜甫為宗旨，專意
　　　學其「拗句」；又提倡「無一字無來處」而「點鐵成金」「奪胎換骨」，從而形
　　　成獨具風格的「山谷體」。

〔2〕白紵：細而潔白的夏布，以紵絲織成。

〔3〕機杼：指織布機。如《古詩十九首·迢迢牽牛星》：「纖纖擢素手，札札弄機杼。」

〔4〕披雲：撥開雲層。拂石：拂石劫也。顯一劫之時量，以天衣拂磐石使盡為言。
　　　又名磐石劫。潺湲：水慢慢流動貌。《楚辭·九歌·湘夫人》：「荒忽兮遠望，
　　　觀流水兮潺湲。」

〔5〕紙帳：一種用藤皮繭紙縫製成的帳子，以稀布為頂，取其透氣。帳上常繪有梅
　　　花，情致清雅。唐宋以來，僧道及詩人隱士每喜用之。

〔6〕湖海交：湖海，湖泊與海洋。泛指四方各地。指江湖之交。

〔7〕柴桑：古地名，在今江西九江。晉時陶淵明歸隱之地。《宋書》卷九三《隱逸
　　　傳·陶潛傳》：「陶潛字淵明，或云淵明字元亮，尋陽柴桑人也。……親老家貧，
　　　起為州祭酒，不堪吏職，少日，自解歸。」

〔8〕羌村詩：五言古詩，唐杜甫作。指似杜甫的詩。

〔9〕細君：古時諸侯的妻子叫細君。後泛指妻子。

馬順文裒金買登仕為漕試計戲題其取青券〔1〕

　　馬君杭人墮汀角〔2〕，杭試不收汀不著。少年落筆易進取，萬里孤雲
天一握〔3〕。捐金爵試亦假途，寒士探囊桃藥無。平生故人於節度，買
山尚肯周窮符〔4〕。編藤裹錦如行卷〔5〕，持以取青真左券。惜哉掘墓逢
伯夷〔6〕，捧土塞河吾自覷〔7〕。君才十倍空冀北，長鯨變化滄海窄。人
生幸得各有地，古來不見虯鬚客〔8〕。

〔校注〕

〔1〕馬順文：不詳。裒金：聚集錢財。

〔2〕汀：水邊平地；小洲。此指汀州。

〔3〕一握：猶言一把。亦常喻微小或微少。

〔4〕買山：《世說新語·排調》：「支道林因人就深公買印山。深公答曰：『未聞巢、
　　　由買山而隱。』唐劉禹錫《酬樂天閒臥見憶》詩：「同年未同隱，緣欠買山錢。」

〔5〕行卷：唐代科舉考試前，應試考生呈送給主考官的自己平日的詩、賦、文卷謂之行卷。

〔6〕伯夷：殷末孤竹國君的長子。見《史記·伯夷列傳》。

〔7〕靦：《說文》：「靦，面見（兒）也。從面、見，見亦聲。」「面見」為面兒（貌）之訛，這是清代《說文》學家共同的看法。

〔8〕虬髯客：唐裴鉶撰傳奇文《虬髯客傳》之主人公。

越一月復以憲檄按死事於撫之溪暑中望疏山不得往歸宿永興寺拜象山先生墓而後行兼旬得詩如前之數可發一笑為後山行云〔1〕

七夕

偃仰當日謾能工〔2〕，刻楮何如造化功〔3〕。乞巧從渠兒女道〔4〕，自書拙賦上屏風。

〔校注〕

〔1〕疏山：位於江西省金溪縣西北約二十九公里處。山中有疏山寺。疏山原為唐代隱士何仙舟棲隱讀書處，稱為「書山」。唐中和（881～884）年間，曹洞宗匡仁禪師於此建寺，敕賜「白雲」之額。南唐時，改稱「疏山」。永興寺：當在江西省金溪縣。象山先生：即陸九淵。陸象山先生墓，在金溪縣城東北約十公里的青田橋東山嶺西南麓。

〔2〕偃仰：俯仰，指安居遊樂。

〔3〕刻楮：語出《韓非子·喻老》，以象牙刻楮葉，喻治學刻苦。

〔4〕乞巧：南朝梁宗懍《荊楚歲時記》：「七月七日為牽牛織女聚會之夜。是夕，人家婦女結綵縷，穿七孔針，或以金銀鍮石為針，陳瓜果於庭中以乞巧。」舊時民間風俗，婦女於陰曆七月七日夜間向織女星乞求智巧。

武陽渡〔1〕

落日平江晚最奇，白龍鱗換紫玻璃。老兵絕叫客爭渡，催得船來失卻詩。

〔校注〕

〔1〕武陽渡：在江西省南昌東南，西洛水入武陽水之口。路通進賢縣。

西林寺〔1〕

尋僧閒事為官忙，人指雲生是上方〔2〕。少避歸牛尋曲徑，野田黃雀鬧斜陽。

〔校注〕

〔1〕西林寺：位於東林寺西側，東晉太元二年（377）由慧遠師兄慧永所建，比東林寺早建九年。曾一度為廬山著名叢林之一。

〔2〕上方：指佛寺。

疏山道中

其一

日日北風江倒流，木綿著花人索裘〔1〕。西津渡口半船月〔2〕，秋在芙蓉十里洲。

〔校注〕

〔1〕木棉：落葉喬木。先葉開花，大而紅，結卵圓形蒴果。種子的表皮有白色纖維，質柔軟，可用來裝枕頭、墊褥等。又名攀枝花、英雄樹。　索裘：求取毛皮衣服。

〔2〕西津渡：在江蘇鎮江。東面有象山為屏障，擋住洶湧的海潮，北面與古邗溝相對應，臨江斷磯絕壁，是岸線穩定的天然港灣。

其二

昨夕涼颸半點無，也無林影避行車。秋雲一崦疏山曉，欲往從之畏簡書。

方廣寺〔1〕

客子入門鐘梵喧〔2〕，菩提樹老不知年。竹窗有月無人管，一夜秋風落筧泉〔3〕。

〔校注〕

〔1〕方廣寺：在浙江天台山。

〔2〕鐘梵：鐘聲梵吹也。

〔3〕筧泉：竹筒（引水用的毛竹筒）裏的水。

羅與之

羅與之（1195？～？），字與甫，一字北涯，號雪坡。螺川（今江西吉安南）人。累舉進士不第，歸隱於鄉。其詩有興寄，意味深長。有《雪坡小稿》。今錄戲謔詩 1 首。

桂花爛熳一夕敗於風雨呼僮掃落英以供香事戲作古句

小山涼風高，秋意饒庭砌。江南山水秀，鍾此數叢桂[1]。亭亭蒼虯蟠，磊磊栗玉綴[2]。薰染風露香，擺脫脂粉媚。芙蓉已無秋，籬菊極羞愧。幽芳蕙百畝，香味亦瑣細。孰知標格奇[3]，自取造物忌。狂風挾怪雨，族滅無噍類[4]。纔憐金作屋，俄驚粟布地。姿容就枯槁，氣骨尚奇異。如彼死諸葛，凜凜有生意。試焫博山火[5]，來參煙一熻。

〔校注〕

〔1〕叢桂：指生於岩石上的桂樹。漢淮南小山《招隱士》：「桂樹叢生兮山之幽，偃蹇連蜷兮枝相繚。」後亦用指招隱士。

〔2〕磊磊：石眾多貌，眾石聚集貌。栗玉，產於當今甘肅省成縣境內的一種美石。由此石做成的硯很有名，特稱栗玉硯。宋米芾《硯史·成州栗玉硯》：「栗玉硯，理堅，色如栗，不甚著墨，為器甚佳。」

〔3〕標格：風度品格。

〔4〕噍類：又作「遺類」。即活人。

〔5〕博山火：指博山香爐之火。

張　蘊

張蘊（一作韞），字仁溥，號斗野。揚州（今屬江蘇）人。理宗時，與施樞、吳泳往來相善。寶祐中，累官為朝散郎、幹辦行在諸司糧料院。詩入江湖詩派，有《斗野稿》。今錄戲謔詩2首。

道中觀戽水戲書〔1〕

秧馬泥深繭犢閒〔2〕，燭龍顧影桔槔間〔3〕。尋常六月江南雨，不比君王帑藏慳〔4〕。

〔校注〕

〔1〕戽水：汲水灌田。

〔2〕秧馬：在水稻秧田中拔秧時乘坐的工具，因農民騎於其上在秧田中滑行。繭犢：啟角初生，形如栗如繭。一般用來指小牛。

〔3〕燭龍：描述人面蛇身的神話人物。桔槔：古代的灌溉工具。早在商代就開始採用桔槔灌溉農田。《淮南子》卷十三《泛論訓》云：「古者抱甄（zhuì）而汲，後世桔槔而汲。」

〔4〕帑藏：國庫。慳：方言，形容小氣吝嗇。

偶得碧蓮雙房可愛戲效宛陵體〔1〕

援筆對嘉蓮〔2〕，更想花初披。生成若有偶，形容徒費辭。收釵背相倚，舞珓手雙垂〔3〕。不比鴛鴦梅，煙雨低壓枝。

〔校注〕

〔1〕據《全宋詩訂補》第595頁補輯。宛陵體：北宋梅堯臣，字聖俞，宛陵人，有
　　　《宛陵先生集》，後人因稱梅詩為「宛陵先生體」，簡稱「宛陵體」。

〔2〕援筆：拿起筆來，謂執筆寫作。嘉蓮：一莖多花之蓮。古代以之為祥瑞的象徵。

〔3〕琖：同「盞」，本義是指淺而小的玉杯。

朱南杰

朱南杰，丹徒（今屬江蘇）人。理宗嘉熙二年（1238）進士，官溧水、清流令。其詩多敘事理，質樸無文。著有《學吟》一卷。今錄戲謔詩 1 首。

朱知鎮戎服警盜不憚雪夜酒庫在鎮外不得與戲呈〔1〕

戎裝元不礙儒冠〔2〕，盜賊潛窺膽自寒。金鼓聲聞三里外，旌旗影庇四民安〔3〕。肯從叶力多君子〔4〕，愧不同盟是酒官。龢氣釀成年可卜，曉來喜見雪漫漫。

〔校注〕

〔1〕朱知鎮：在海鹽境內。朱南杰淳祐六年（1246）為海鹽澉浦監酒。此詩正寫任上事。官滿，攝華亭事，因此他經常從運河往來於杭州、嘉興、海鹽、海寧一帶，留下多首寫浙江嘉興、海鹽等地的詩篇。

〔2〕儒冠：儒生戴的帽子。《史記・酈食其傳》：「沛公不好儒，諸客冠儒冠來者，沛公即解其冠，溲溺其中。」

〔3〕四民：《春秋穀梁傳・成公元年》：「古者有四民：有士民，有商民，有農民，有工民。」春秋時稱士、商、農、工為四民。後世常用「四民」泛指百姓。

〔4〕叶力：協力，合力。

衛宗武

衛宗武（？～1289），字淇父，號九山，華亭（今上海松江）人。淳祐間，歷官尚書郎、出知常州，罷歸。閒居三十餘年，以詩文自娛。入元不仕，眷懷故國，匿跡窮居，不求聞達。元至元二十六年卒，年逾八十。所著《秋聲集》，皆退居後所作，已佚。現存四卷。今錄戲謔詩 3 首。

唐村買杉為槨南潯買杉為棺戲作

一出四旬歸，身謀喜不遺。歌方想原壤〔1〕，讖復合龜茲〔2〕。厚薄惟求稱，死生難預知。桐棺三寸窆〔3〕，亦足矯茶毗〔4〕。

〔校注〕

〔1〕原壤：人名。春秋末年魯國人，孔子的舊友。為人狂放，缺少禮貌，無所作為。

〔2〕龜茲：古代西域國名，在今新疆庫車縣一帶。

〔3〕桐棺：用桐木製成的棺材，指棺材質地樸素，粗劣。窆：墳墓，墓穴。葬時下棺於墓穴。

〔4〕茶毗：佛教葬俗。梵文的音譯，意為「焚燒」「火葬」。

星節前戲成〔1〕

依稀橋鵲布銀潢〔2〕，又見天孫作婦忙〔3〕。已向煙蘿深遁跡〔4〕，不煩雲錦粲成章。追思高會飲傳燭〔5〕，徒得清眠夢熟粱。卻喜連朝天沛澤〔6〕，應為月姊釀秋芳〔7〕。

〔校注〕

〔1〕星節：指七夕節。

〔2〕銀潢：即銀河。

〔3〕天孫：即織女星。《史記》卷二十七《天官書》：「婺女，其北織女。織女，天女孫也。」《史記》索隱：「織女，天孫也。案：荊州占云『織女，一名天女，天子女也。』」因民間有牛郎織女故事，因而寫愛情的作品常用此典。

〔4〕煙蘿：指山林，林野。

〔5〕高會：盛大的聚會。

〔6〕連朝：一連數日。沛澤：沼澤；有水有草的低窪之地。

〔7〕月姊：指嫦娥。秋芳：秋日開放的花朵，多指菊花。

和南塘嘲謔〔1〕

理存成壞與虧全〔2〕，人事悲歡莫不然。梅帳道人新活計〔3〕，柳枝歌妓舊因緣。斷弦謾說鸞膠續〔4〕，剜肉難將獺髓填〔5〕。更遣青裙並赤腳，獨將琴冊寄餘年。

〔校注〕

〔1〕南塘：趙汝談，字南塘，宋之宗室，撰《書說》三卷，其中疑梅傳孔氏《古文》非真者五條，蓋吳棫、朱子、蔡沈之所嘗疑，而未若汝談之決也。

〔2〕成壞：形成毀壞。指成劫和壞劫。宋陸游《臥病》詩：「生死亦何有，成壞同一漚。」

〔3〕梅帳道人：指南塘。

〔4〕鸞膠：古代的一種膠，黏勁極強，古人常用以膠續弓弩斷弦，又名「續弦膠」。據說是以鳳喙麟角合煎而成。

〔5〕獺髓：舊題晉王嘉《拾遺記》卷八：「孫和悅鄧夫人，常置膝上。和於月下舞水精如意，誤傷夫人頰，血流污袴，嬌姹彌苦。自舐其瘡，命太醫合藥。醫曰：『得白獺髓，雜玉與琥珀屑，當滅此痕。』即購致百金，能得白獺髓者，厚賞之。」「和乃命合此膏，琥珀太多……更益其妍。」古代傳說，白獺骨髓可以合藥醫治人的創傷，極其難得。

釋文珦

　　釋文珦（1210～約 1289），字叔向，自號潛山老叟，於潛（今浙江臨安西）人。出家於杭州。構讒下獄，久之乃得釋。遂遁跡，元初卒。工詩。著有《潛山集》十二卷。今錄戲謔詩 2 首。

詠梅戲效晚唐體

　　古今人共愛，不獨是林逋〔1〕。樹老枝方怪，花開葉已無。月中香冷澹，雪後意清孤。長憶山房外，臨溪有一株。

〔校注〕

〔1〕林逋（967～1028），字君復，錢塘（今浙江杭州）人。終身未仕。長年隱居在杭州西湖小孤山，以種梅養鶴自適，人稱「梅妻鶴子」。卒諡和靖先生。林逋是宋初「晚唐體」的著名隱逸詩人，所作多表現清幽恬淡的生活境界，逸韻高標，遠離塵俗。

嘲蝶

　　耳聲眼色總非真，物我同為一窖塵〔1〕。蝴蝶不知身是夢，花間栩栩過青春。

〔校注〕

〔1〕一窖塵：一穴塵埃。常指人世一切皆如一窖塵土，終至全消。唐羅隱《焚書坑》：「千載遺蹤一窖塵，路傍耕者亦傷神。」宋范成大《元日謁鍾山寶公塔》詩：「君看王謝墩邊地，今古功名一窖塵。」

胡仲弓

胡仲弓（1266 年前後在世），字希聖，號葦航，清源（今福建泉州）人。流寓杭州，仲參兄。二赴春闈中進士。寶祐間，曾為紹興府掾、糧料院官，後辭歸。著有《葦航漫遊稿》，久佚，存四卷。今錄戲謔詩 3 首。

頤齋聯日有事於琛亭賦詩聊為解嘲〔1〕

詩人有公事，日日走琛亭。紫翠和衣重，香塵滿面生。蚌還江月濕，龍起浪雲腥。薏苡亦何有〔2〕，奚囊澈底清。

〔校注〕

〔1〕頤齋：既是齋名，又是號名。不詳其人。胡仲弓《答頤齋詩筒走寄詩》：「今朝茹素無清供，喜得鄰分玉版羹。」琛亭：賦詩唱和之地。

〔2〕薏苡：又稱薏米、藥玉米、回回米。

嘲赴緣僧道

身在塵緣外，如何更趁緣。僧堂清富貴〔1〕，道院小神仙〔2〕。飯飽休持鉢，丹成莫賣錢。但能了生死，何必問蒼天。

〔校注〕

〔1〕僧堂：禪剎七堂伽藍之一。僧眾日常修禪和起居的堂舍。

〔2〕道院：出家道士所居之廟宇，規模稍小於宮、觀。

自笑

　　自笑謀生拙，多應涉世疏。為貧趨斗祿，因病試方書。榕葉寒侵戶，梅花深結廬。焚香坐清夜，吟到曉鐘初。

胡仲參

胡仲參，字希道，清源（今福建泉州）人，仲弓弟。嘗遊京師，多與當時名流交往。舉進士不第，浪跡數年，寄情山水。著《竹莊小稿》一卷。今錄戲謔詩1首。

王用和屢言別而未歸頤齋有詩戲之次韻奉寄〔1〕

幾度西郊餞馬塵，曾將尺素託文鱗〔2〕。荷杯酌盡開懷酒，柳線縈回有腳春。瘴海自多流落客，陽關少見別離人。出門有礙何為者，徒負江湖老大身。

〔校注〕

〔1〕王用和：疑為南宋刻碑工。婺州（今浙江金華）人。曾為賈似道翻刻定武蘭亭，花了三年才刻成，所刻幾乎和定武原本一樣。他還將蘭亭縮刻為小字，刻在靈璧石上，號稱玉枕蘭亭，即《世綵堂小帖》。

〔2〕文鱗：指書信。

潘璵

潘璵（一作嶼），四明（今浙江寧波）人。與朱繼芳、柴望、賈似道有唱和。隱居不仕。著有《鄧屋拙稿》，已佚。散見《詩家鼎臠》《詩淵》等書。今錄戲謔詩 2 首。

嘲杜鵑

把握年光屬大鈞〔1〕，花開花落不由春。杜鵑若是知機早〔2〕，歸去何須苦勸人。

〔校注〕

〔1〕大鈞：《漢書》卷四八《賈誼傳》載賈誼《鵩鳥賦》：「大鈞播物，塊圠無垠。」唐顏師古注：「如淳曰：『陶者作器於鈞上，此以造化為大鈞也。』師古曰：『今造瓦者謂所轉者為鈞，言造化為人，亦猶陶之造瓦耳。』」鈞為古代製陶器所用的轉輪。漢時人以大鈞喻指締造萬物的造化，即大自然。

〔2〕知機：預知事理關健。

嘲雁

羽族無如爾列行，於時底事較炎涼〔1〕。應嫌塞北多風雪，卻向江南戀稻粱。春到但知歸計急，火明不料禍機藏。自從寄了蘇卿信〔2〕，此後傳書竟渺茫。

〔校注〕

〔1〕炎涼：氣候一冷一熱，常以比喻人情勢利，親疏反覆無常。

〔2〕蘇卿：蘇武，字子卿。唐李商隱《茂陵》詩：「誰料蘇卿老歸國，茂陵松柏雨蕭蕭。」

太學生

刺賈似道〔1〕

昨夜江頭長碧波，滿船都載相公醝〔2〕。雖知要作調羹用，未必調羹用許多。〔3〕

〔校注〕

〔1〕賈似道：賈似道（1213～1275），南宋末年台州（今浙江臨海）人，字師憲。理宗賈貴妃之弟。因身為外戚，自少放蕩不羈。

〔2〕醝：通「醝」，鹽。

〔3〕明彭大翼《山堂肆考》卷一九四：賈似道令人販鹽百艘，至臨安賣之。太學生有詩云云。

理宗朝士人

嘲賈似道

三分天下二分亡，猶把山川寸寸量。縱使一丘添一畝，也應不似舊封疆〔1〕。

〔校注〕

〔1〕元李有撰《古杭雜記》。按：《佩韋齋輯聞》作「棄淮棄蜀棄荊襄，卻把山川寸寸量。量得畝頭多一尺，尺頭能有幾多長」，與此文有異。《古杭雜記》：理宗朝，嘗欲行推回田畝之令，有言而未果。至賈似道當國，卒行之，有人作詩云云。　　封疆：界域之標記；疆界。《禮記・月令》：「（孟春之月）王命布農事，命田舍東郊，皆修封疆。」

顧　逢

　　顧逢，字君際，一字世名，又作名世，號梅山，吳郡（今江蘇蘇州）人。舉進士不第。南宋亡後，放情山水間，隱於臨安，別號梅山樵叟。與鄭思肖、林石田等有交往。後為吳縣教諭。卒年七十四。長於五言，人稱顧五言。著有《梅山集》十卷。今錄戲謔詩 1 首。

月宮沙戲

　　兔舂金臼藥[1]，幻出廣寒宮。時聽數聲響，皆歸一轉功。雲霄大境界，几案小屏風。何獨沙為戲，人間萬事同。

〔校注〕

〔1〕臼藥：又作「藥臼」，搗物用的容器名。醫工用於加工藥材。

方蒙仲

方蒙仲（1214～1261），名澄孫，以字行，號烏山，侯官（今福建福州）人，寄居興化（今福建仙遊東北）。理宗淳祐七年（1247）進士，終知邵武軍。著有《絅錦小稿》，已佚。今錄戲謔詩 1 首。

笑坐金鞍歌落梅

謫仙豪放甚〔1〕，小妾伴金鞍。未可將窮相，詩人一例看〔2〕。

〔校注〕

〔1〕謫仙：《新唐書·李白傳》：「天寶初，南入會稽，與吳筠善，筠被召，故白亦至長安。往見賀知章，知章見其文，歎曰：『子，謫仙人也！』」李白《對酒憶賀監》詩：「四明有狂客，風流賀季真。長安一相見，呼我謫仙人。」後世把謫仙引申為才華超群、放浪詩酒之人的代稱。

〔2〕一例：一律，同等。

陳　著

陳著（1214～1297），字子微。乳名陳必大，小名禪孫，小字謙之，號本堂，晚年號嵩溪遺耄。慶元府鄞縣（治今浙江寧波）人。理宗寶祐四年（1256）進士。累歷太學博士、臨安府通判、知台州等職。宋亡不仕，隱居四明山中。著有《歷代紀統》《本堂集》。今錄戲謔詩 9 首。

兒童以石舟戲於池

浮生已付四宜休〔1〕，老病光陰黃葉秋。底用燕嬉居畫舫，何妨飄忽悟虛舟〔2〕。

〔校注〕

〔1〕浮生：喻飄浮無定的短暫的人生。李白《春夜宴從弟桃李園序》：「浮生若夢，為歡幾何。」四宜休：平穩得過。

〔2〕虛舟：指空船。《莊子‧山木篇》：「方舟而濟於河，有虛船來觸舟，雖有偏心之人不怒。有一人在其上，則呼張歙之，一呼而不聞，再呼而不聞，於是三呼邪，則必以惡聲隨之。向也不怒，而今也怒，向也虛，而今也實。人能虛己以遊世，其孰能害之？」《莊子》以空船觸舟不能使人生怒為譬，說明人如能虛己以處世則不會受到他人傷害的道理。後因以「虛舟」為詠胸襟曠達。

杜工部詩有送弟觀歸藍田迎新婦二首偶與縣尉弟達觀同名娶事又同因韻戲示〔1〕

其一

墨龜初卜食〔2〕，青鳥好音回。冰玉皆前契〔3〕，風波任外來。重因藍袖舞，輕放赤城開〔4〕。此事關宗事〔5〕，終須飲醮杯。

〔校注〕

〔1〕達觀：即作者之弟陳達觀，由宋入元。《（萬曆）嘉定縣志》卷二十一陳達觀《遊
　　　練水》詩「片帆今夜是祁川」「黃蘆葉響雙溪雨，白稻花香兩岸田。」詠嘉定
　　　境內練祁塘。祁川，亦名「練水」。

〔2〕墨龜：即烏龜。《禮記・曲禮》：「行前朱鳥而後玄武。」孔穎達疏：「玄武，龜
　　　也。」卜食：卜求事物。

〔3〕冰玉：岳父和女婿的代稱。《晉書・衛玠傳》：晉代樂廣很有聲望，當時人認為
　　　他和女婿衛玠都非常清俊朗潤，「婦公冰清。女婿玉潤」。形容翁婿品性高潔且
　　　有才學。

〔4〕赤城：指帝王宮城，因城牆紅色，故稱。唐王勃《臨高臺》詩：「赤城映朝日，
　　　綠樹搖春風。」

〔5〕宗事：宗廟之事。《儀禮・士昏禮》：「往迎爾相，承我宗事。」鄭玄注：「宗事，
　　　宗廟之事。」《荀子・大略》：「親迎之禮，父南鄉而立，子北面而跪，醮而命
　　　之：『往迎爾相，成我宗事，隆率以敬先妣之嗣，若則有常。』」

其二

扇手笑終在，琴心曲暗留〔1〕。相期星戶夕，莫負月娥秋〔2〕。金瀨
遲揚斾〔3〕，藍橋趣問舟〔4〕。定將先入夢，驂鳳繞簫樓。

〔校注〕

〔1〕琴心：琴聲表達的情意。《史記・司馬相如列傳》：「是時，卓王孫有女文君
　　　新寡，好音，故相如繆與令相重，而以琴心挑之。」

〔2〕月娥：指傳說的月中仙子。亦借指月亮。

〔3〕金瀨：投金瀨。漢趙曄《吳越春秋・闔閭內傳》載：春秋時伍員由楚逃難至吳
　　　途中，於瀨水（今名溧水，在江蘇省溧水縣西北）旁向洗衣女乞食。食畢，囑
　　　女掩其壺漿，以免暴露行蹤。女以見疑於員，即投水自殺，以誓貞信。後伍員
　　　在吳受重用，重過瀨水，歎息不已，以無由報答，乃投百金於水而去，故瀨水
　　　又名「投金瀨」。後以「投金瀨」為詠贊古人尚義之典。

〔4〕藍橋：唐裴鉶《傳奇・裴航》：秀才裴航應試下第，在鄂渚同舟遇樊夫人，航
　　　心羨之。夫人遣婢送詩曰：「一飲瓊漿百感生，玄霜搗盡遇雲英。藍橋便是神
　　　仙窟，何必崎嶇上玉清。」後航經藍橋驛，果遇雲英。但雲英的祖母要求裴航
　　　尋得玉杵臼搗仙藥玄霜才允婚。航果找到，終成婚，雙雙仙去。藍橋在陝西藍
　　　田縣藍溪之上，後用為男女相約幽會之處。

七月望郡庠賦秋聲詩且欲不犯題字及見所作良可發笑因賦二首示諸兒

其一

天教少昊管金行〔1〕，發越清商妙莫名〔2〕。萬宇虛涼機自動，千林搖落氣難平。怒為伍子潮江吼〔3〕，細入歐公夜壁鳴。最是幽窗多感處，數聲唳月雁南征。

〔校注〕

〔1〕少昊：亦作「少皞」。傳說中古代東夷首領，名摯（一作質），號金天氏。東夷曾以鳥為圖騰，相傳少皞曾以鳥名為官名。傳說少皞死後為西方之神。《左傳·昭公十七年》：「郯子曰：『我高祖少皞摯之立也，鳳鳥適至，故紀於鳥，為鳥師而鳥名。』」金行：專靠算命、算卦、相面來謀生的行業。

〔2〕清商：商聲乃古代五音之一，因其調淒清悲涼，故名「清商」；或曰商屬秋，秋氣清，乃稱清商。

〔3〕伍子：即伍員。

其二

氣應商聲慘又清，人閒難聽亦難名。非神非鬼洞庭樂，為鶴為風泚水兵。老葉自吟高處調，寒蛩相趁鬧中鳴。西風機籟年年事〔1〕，分付與天心自平。

〔校注〕

〔1〕機籟：猶天籟。元貢奎《夜坐》詩之一：「機籟發天秘，起弄琴與觴。」

次韻吳應奎解嘲〔1〕

兩別因循久釀疑，其如老病骨累累〔2〕。心銘自勒家庭苦，手緪曾懸坎井危〔3〕。吠雪有聲非我累〔4〕，仰天無愧要相知。交情須看寒松柏〔5〕，傲盡春風桃李時。

〔校注〕

〔1〕吳應奎：據陳著《戴時芳、時可，學子吳叔度、文可載酒西坑勞苦》詩自注：應奎，字文可，一字可文。白岩吳。餘皆不詳。

〔2〕累累：瘦瘠疲憊貌。

〔３〕懸，四庫本作「援」。　　綆：汲水器上的繩子。坎井：亦作「埳井」。廢井；
　　淺井。

〔４〕吠雪：嶺南少雪，狗見之而吠。喻少見多怪。唐柳宗元《答韋中立論師道書》：
　　「前六七年，僕來南，二年冬，幸大雪，踰嶺被南越中數州，數州之犬，皆蒼
　　黃吠噬狂走者累日，至無雪乃已。」

〔５〕寒松：寒冬不凋的松樹。常用來比喻堅貞的節操。《三國志·吳志·陸績傳》
　　「陸績字公紀」裴松之注引《姚信集》：「王蠋建寒松之節而齊王表其里，義姑
　　立殊俗之操而魯侯高其門。」《晉書·庾闡傳》：「偉哉蘭生而芳，玉產而潔，
　　陽葩熙冰，寒松負雪。」

次前韻吳山甫解嘲〔１〕

　　望春山下剡溪湄〔２〕，窮處無聊甚繫累〔３〕。竹會依然思二阮〔４〕，苗
凶行矣入三危〔５〕。梟聲只盍聞而睡，蛇影堪期達者知〔６〕。試問流空千
古月，過雲妨得幾何時。

〔校注〕

〔１〕吳山甫：《本堂文集》卷八《再用前韻謝吳竹修》、卷一七《偶成寄吳竹修》下
　　均自注云：「名垓，字山甫。」「竹修」乃其號。據卷十《城歸憩吳竹修家以詩
　　寫懷》等詩判斷，吳垓似為奉化人，在宋末陳著與公棠戴、白岩吳來往密切。
　　吳垓很可能是「白岩吳」的俊傑。

〔２〕剡溪：水名。曹娥江的上游，在浙江嵊縣南。

〔３〕窮處：謂鄉居不仕；隱居。《晏子春秋·問上二》：「晏子辭，不為臣，退而窮
　　處。」

〔４〕二阮：指晉代「竹林七賢」中的阮籍、阮咸。

〔５〕三危：即指三危山。

〔６〕蛇影：杯弓蛇影。達者：通達事理的人。

次前韻戲似

　　喜逢新歲帶春回，四老過從賀泰來〔１〕。君若燕毛分次第〔２〕，我當
鶴髮領徘徊。忱懷爵躍空相望〔３〕，弱腳蹣跚阻一陪。傳語諸賢任拋外，
百年夫婦自銜杯〔４〕。

〔校注〕

〔1〕四老：指上詩中的張子華兄弟與俞叔可兄弟四人。張子華：詩人朋友。陳著有
　　《書張子華所藏錢穆父、孫莘老二帖》文。

〔2〕燕毛：泛指宴飲時年長者居上位的禮節。分次第：分定等次或位次。《逸周書・
　　度訓》：「明王是以敬微而順分，分次以知和，知和以知樂，知樂以知哀，知哀
　　以知慧，內外以知人。」

〔3〕爵躍：如雀之跳躍。表示欣喜之極。爵，通「雀」。

〔4〕銜杯：口含酒杯，多指飲酒。

笑笑一篇代簡答王之朝〔1〕

　　昔惠家獅兒〔2〕，雪白真可取。摩挲方脫懷，跳躍遍庭宇。意在飽可
饗，飼養如舊主。無菜安有肉，無倉那得鼠。怒眼如饑鷹，奮爪過虓虎
〔3〕。撞破儲粟瓶，翻倒生魚釜。謂可共淡薄，豈期遭慢侮。今又餉修
梅，驚走孩兒女。筠籃未壁封〔4〕，環哄爭起舞。獰於猿狨攫，慕其螻
蟻聚。刑腥手濡血，漬蜜口流乳。老齒本自疏，吞吮頗辛苦。布衣惜如
錦，污染濯不去〔5〕。非不知滋味，亦欲驕腸肚。奈非素富貴，饞舌崇
貧窶〔6〕。於我亦云厚，自料無報所。聊以此為衬，免得交□□。平生
相忘契，笑笑一掌拊。

〔校注〕

〔1〕王之朝：不詳其人。

〔2〕昔，據四庫本補。　　獅兒：喻雄視一世的俊傑。

〔3〕虓虎：咆哮怒吼的虎。多用來比喻勇士猛將。

〔4〕筠籃：竹籃。

〔5〕污，據四庫本補。

〔6〕饞、窶，據四庫本補。

卷三十四

徐集孫

徐集孫，字義夫。建安（今福建建甌）人。理宗時，仕於臨安。有詩名，詩風平靜恬逸。著有《竹所吟稿》二卷。今錄戲謔詩 2 首。

牧溪上人為作戲墨因賦二首〔1〕

鷺

宿葦臨流去就輕，生平慣與爾同盟。相從奚假歸圖畫，特畫江湖一段清。

〔校注〕

〔1〕牧溪上人：不詳其人。戲墨：隨意戲作的詩文書畫。

猿

峭壁懸崖隱趣深，每來洞口費呼尋。啼雲嘯月聲難寫，只寫山林一片心。

無名子

　　無名子，理宗時嘗作詩嘲林洪冒稱和靖七世孫。事見《梅磵詩話》卷中。今錄戲謔詩一首。

嘲林洪

　　和靖當年不娶妻〔1〕，只留一鶴一童兒。可山認作孤山種〔2〕，正是瓜皮搭李皮。〔3〕

〔校注〕

〔1〕和靖：《宋史》卷四百五十七《林逋傳》：「臨終為詩，有『茂陵他日求遺稿，猶喜曾無封禪書』之句。既卒，州為上聞，仁宗嗟悼，賜謚『和靖先生』，賻粟帛。」「和靖」是宋代處士林逋謚號。「無封禪書」意為真正的不問世事，不像司馬相如，死後還遺留《封禪書》。

〔2〕可山：林洪字。孤山：山名。在浙江杭州西湖中，孤峰獨聳，秀麗清幽。宋林逋曾隱居於此，喜種梅養鶴，世稱孤山處士。孤山北麓有放鶴亭和默林。

〔3〕原注：蓋俗云以強認親族為瓜皮搭李樹。　　宋韋居安《梅磵詩話》卷中：泉南林洪，肄業杭泮，粗有詩名。理宗朝上書言事，自稱為和靖七世孫，冒杭貫取鄉薦，刊中興以來諸公詩，亦以己詩附於後。時有無名子作詩嘲之云云。

姚　勉

姚勉（1216～1262）字述之，一字成一，號雪坡，筠州高安（今屬江西）人。多次應試不第，理宗寶祐元年（1253）進士第一，授平江節度判官。開慶元年，除校書郎，尋兼太子舍人、沂靖惠王府教授。忤賈似道，被劾為吳潛黨，罷歸。今錄戲謔詩 3 首。

張道夫惠大小硯五走筆戲謝〔1〕

蛾眉五硯列窗前，漬墨磨丹總可憐。試向鶯鶯主人問，大鬟何似小鬟妍。

〔校注〕

〔1〕張道夫：不詳其人。

遊靈源天境遇雨各奔歸晚坐以不是溪居者那知風雨來分韻得那字奉呈一笑〔1〕

靈源水有天，日涉勝趣多。同行十數子，散策經山坡。溪行小盤礴，石坐閒摩挲。野菊留餘花，新梅看微柯。寒鴉落平田，暖鯉跳枯荷。是日冬曦溫，景象如春和。笑談不知歸，亦有載酒過。忽瞻彼北山，黑雲生嵯峨。陰晴反覆手，天測不可俄。長風舞紅葉，急雨翻銀河。儒冠各欹墊，僅屨皆奔波。路滑爭牛羊，泥濺亂鴨鵝。席地聽沾濕，樽沙委駢羅〔2〕。五十笑百步，曳杖如橫戈。林間偶自莊〔3〕，棄甲我則那。留戀歸不早，顛沛逢滂沱。出遊不知時，廢此嘯且歌。綢繆無遠慮，其如近

－1151－

憂何。茲遊已狼籍，後計毋蹉跎。歸歟巫誅茅，結亭依岩阿。震陵有帡幪〔4〕，樂哉澗盤薖〔5〕。

〔校注〕

〔1〕靈源天境：姚勉在新昌靈源，其祖塋之地開闢的一處園林。其寫有《靈源天境記》等詩文。

〔2〕駢羅：駢比羅列。漢王逸《九思·哀歲》：「群行兮上下，駢羅兮列陳。」

〔3〕芘：古通「庇」。

〔4〕陵：大。指疾風暴雨。帡幪：庇蔭，庇護。

〔5〕澗盤：山澗盤曲處。

戲叔納寵

阿大中郎喜事宜〔1〕，黃金不惜買蛾眉。春風帶醉欺桃葉〔2〕，暮雨凝絲滯柳枝。香閣鶯偕雙雁奠〔3〕，妝臺鳳引兩皇來。從茲準協熊羆夢〔4〕，多辦庫錢為洗兒〔5〕。

〔校注〕

〔1〕阿大：指祖父。

〔2〕桃葉：借指愛妾或所愛戀的女子。

〔3〕香閣：青年婦女的內室。雁奠：指聘儀。古代定婚、親迎時，男子須向女家獻雁為禮。

〔4〕熊羆：指生男之兆。

〔5〕洗兒：舊俗，嬰兒出生後三日或滿月時替其洗身，稱「洗兒」。

戴　泰

戴泰，字見大，號魯齊，黃岩（今浙江）人。度宗咸淳間為常州教授。今錄戲謔詩 1 首。

戲友不識硯

古今天下多奇石，甲品從來只數端。千丈割雲潭影濕，一泓貯水月光寒。青瞳要辨生鴝眼〔1〕，紫色須求死馬肝〔2〕。鼠璞易投荊璞價〔3〕，請君試買硯箋看。

〔校注〕

〔1〕青瞳：烏黑色的瞳仁。宋曾鞏《送叔延判官》詩：「君子從戎碧油下，綠髮青瞳笏袍整。」鴝眼：借指硯臺。

〔2〕馬肝：馬肝石，可以作硯。

〔3〕鼠璞：鼠未臘者為璞。《尹文子·大道下》：「鄭人謂玉未理者為璞，周人謂鼠未臘者為璞。周人懷璞謂鄭賈曰：『欲買璞乎？』鄭賈曰：『欲之。』出其璞視之，乃鼠也，因謝不取。」後遂以「鼠璞」指有名無實的低劣的人或物。宋葉適《上西府書》：「求駑駘於千里，抱鼠璞以待價，此智士所以寒心。」荊璞：指楚人卞和從荊山得的未經雕琢的璞玉。

舒岳祥

舒岳祥（1219～1298），字舜侯，一字景薛，因家居閬風里，學者稱閬風先生，寧海（今屬浙江）人。理宗寶祐四年（1256）進士，攝知定海縣，為雪州掌書記，先後入金陵總餉陳蒙、沿海制置使鮑度幕。鮑罷，亦歸鄉不仕，教授著述。現存《閬風集》十二卷，其中詩九卷。今錄戲謔詩22首。

雨後月明起坐戲成

雨後月明，如醉而醒。不見其形，但見其影。我夢初回，非曙非暝。道人無言，起舞弄景。水鳥無聲，一鶴自警。清風南來，露墜炯炯。我病不飲，酌此清泠。超然頓悟，九萬俄頃。

食蓮有感戲為古興新體〔1〕

青蘋先知秋〔2〕，調遣入窗几。荷花如六郎〔3〕，一笑忽墮水。美人坐生愁，攬衣中夜起。繁華難久持，零落自茲始。所思在遠道，千里復萬里。何處無芙蕖，秋江總相似。折取蓮蓬看，蜜房綴蜂子。青繭初脫衣，瑤軫中含髓〔4〕。食蓮須食心，心中苦如此。

〔校注〕

〔1〕古興：思古的興味與感情。

〔2〕青蘋：代稱風。《文選》卷一三戰國楚·宋玉《風賦》：「夫風生於地，起於青蘋之末。」宋玉之後，因用作詠風之典。

〔3〕六郎：《舊唐書・楊再思傳》：「易之之弟昌宗以姿貌見寵幸，再思又諛之曰：
　　　『人言六郎面似蓮花；再思以為蓮花似六郎，非六郎似蓮花也。』其傾巧取媚
　　　也如此。」張昌宗行六，故云。後用為詠蓮之典實。

〔4〕瑤軫：琴「軫」的雅稱。或以玉製。李白《北山獨酌寄韋六》：「坐月觀寶書，
　　　拂霜弄瑤軫」清王琦注：「琴下繫弦之柱謂之軫，或以玉之，故曰瑤軫。」

十六夜月色佳甚對酒效樂天體招酒伴賞月

　　八月十六夜，清涼明月天。新酒雖未熟，陳酒喜未乾。早稻有餘飯，輕衫未為寒。傍人見我醉，胸中故朗然。有詩不自作，但詠古人篇。喚取故山甫〔1〕，醉即對床眠。

〔校注〕

〔1〕山甫：作者故人。陳著詩中有「吳山甫」，是否同一人。

雨餘，草樹間羽蟲亂鳴，山齋晚酌，朋輩已散，聽之不減孔稚圭兩部鼓吹也。既醉而臥，臥而覺，家人尚明燈，事續說：「向來鼻鼾雷鳴，兩山皆撼也。」戲作示之〔1〕

　　秋蟲不用喙，動羽哀更清。夜長不肯默，我眠渠自鳴。我則異於是，鼻息為雷聲。止作不以力，大音自天成。鼻吼耳不知，此樂尤難名。

〔校注〕

〔1〕羽蟲：鳥類。蟲，古代作為動物的總稱。兩部鼓吹：古代樂隊中坐部樂和立部
　　　樂的合稱。兩部俱備的音樂表示隆重盛大。

七月二日戲為紈扇新體〔1〕

　　美人弄紈扇，常恨無秋風。待得秋風至，棄置在篋中。棄置不自惜，物理有終窮〔2〕。反恐美人寵，隨手亦成空。十五邯鄲女〔3〕，玉指弄絲桐〔4〕。秀慧解歌舞，豔彩敵芙蓉。一朝登上國〔5〕，飛聲凌後宮。此日邢夫人〔6〕，正自難為容。紈扇手所題，主惠餘其終。

〔校注〕

〔1〕紈扇：細絹製成的團扇。

〔2〕物理：事物的道理、規律。

〔3〕邯鄲：古地名。今河北省邯鄲市。春秋時，衛地，後屬晉。公元前386年趙敬
　　　侯自晉陽徙都邯鄲。秦王政十九年（前228）置邯鄲郡。三國、魏、晉為廣平
　　　郡，隋開皇中改置縣，唐、宋、金、元因之。

〔4〕絲桐：指琴。古人削桐為琴，練絲為弦，故稱。

〔5〕上國：指京師。

〔6〕邢夫人：漢武帝的妃嬪。

老融墨戲詞〔1〕

　　寒木蕭蕭〔2〕，寒汀渺渺〔3〕。船尾插竿童子閒，船頭推篷天欲曉，
鴈鴈斜飛起衰草。頗記江湖獨宿時，一夢十年看未了。

〔校注〕

〔1〕墨戲：隨興而成的寫意畫。

〔2〕寒木：耐寒不凋的樹木，多指松柏之類。常用來比喻堅貞的節操。蕭蕭：草木
　　　搖落聲。

〔3〕寒汀：清寒冷落的小洲。渺渺：水廣闊無際貌。

退之謂以鳥鳴春往往鳥以夏鳴耳古人麥黃韻鸝庚之句乃真知時山齋靜聽嘲哳群萃有麥熟之鳴戲集鳥名而賦之

　　麥熟即快活〔1〕，汝不食麥空饒舌。前時斗粟銀百星〔2〕，老農無銀
色菜青。此鳥年年啄草子，今年草根救人死。鳥無所食饑奈何，見人食
麥喜且歌。催人鍛磨尤慇懃〔3〕，前身恐是老農身。大麥炊糜先祭祖，
小麥作餅賽田神。姊捉麥，姊捉麥〔4〕，姊娣相隨筐有獲。田間滯穟縱
復橫，傴僂東阡與西陌。婆餅焦〔5〕，斷消息。而今麥熟婆當還，莫憂
餅焦兒不食。脫布袴，村村雨滿田無路。平生不慣著新衣，兩腿泥深逐
牛步。脫破袍，與郎裁衫兩髀高。田頭赫日曬額焦，脫衣掛樹踏桔橰〔6〕。
畫眉叫〔7〕，畫眉叫，抹截梳裝趁炊早。夫婦如賓有古風，烏頭白頰宜
相好。上堂問訊白頭翁，早晚寒溫候不同。善事阿姑姑不惡，粗茶淡飯
是家風。提葫蘆，沽美酒，布簾書字鄰家有。沽來行饁望田頭〔8〕，先
酌瓷甌奉姑舅〔9〕。不學前村百舌兒〔10〕，說非說是搖花柳。不學桑間鳩
婦相勃磎〔11〕，天陰逐去晴歸來。大婦偷，我弗偷，辨說曲直令儂羞。
淺鋪薄徧煮莧汁，二升麥餅鶡突流。爺飯飯，奉親約己渠非訕。誰倚闌

干十二紅，鮮鮮翠碧亂芳叢。燭燒花蠟夜嫌短，詞斸錦囊尊不空。此事有分求不得，不知歸去從耕農。〔12〕

〔校注〕

〔1〕蘇軾在元豐七年謫居黃州任團練副使時作《書贈徐大正四首》其三云：「江湖間，有鳥鳴於四五月，其聲若云『麥熟即快活』。今年二麥如雲，此鳥不妄言也。」「麥熟即快活」為東坡領悟到的布穀鳴聲，此借用。

〔2〕自注：錢楮不用，民間一切用銀，薄如紙而碎如金。

〔3〕自注：其音若云黃鍛銀磨。

〔4〕自注：竹雞音也。昔人云泥滑滑。

〔5〕婆餅焦：鳥名。其鳴聲如婆餅焦，故名。

〔6〕桔橰：亦作「桔皋」。井上汲水的工具。在井旁架上設一槓杆，一端繫汲器，一端懸、綁石塊等重物，用不大的力量即可將灌滿水的汲器提起。

〔7〕畫眉：鳥名。眼圈白色，向後延伸呈蛾眉狀。故名。鳴聲婉轉悅耳。

〔8〕行饁：給在田間耕作的人送飯。

〔9〕瓷甌：古酒器。一種瓷製的酒具。姑舅：丈夫的父母，公婆。

〔10〕百舌兒：百舌鳥。

〔11〕鳩婦：指雌鳩。勃溪：相爭吵。今婆媳不和叫婦姑勃溪。

〔12〕自注：煮莧汁、鵲突流、爺飯飯，三禽言也。樂天《三月晦日聞鳥聲詩》：遣脫破袍勞報暖，催沽美酒敢辭貧，則脫破袍是一禽，非脫布袴也。

解梅嘲〔1〕

昨夜鵃鴣聲婉孌〔2〕，斗覺春隨呼喚轉。今朝檢歷知立春，屋角梅花笑初靦〔3〕。向人帶笑復含嗔，嗔我今為異代民。我語梅花勿嗔笑，四海已非唐日照。爾花也是易姓花，憔悴荒園守空嶠。閬風自是可憐人〔4〕，六十年來逢立春。安危治亂幾番見，到此三年哭斷魂。我是先朝前進士，賤無職守不得死。難學夷齊餓首陽〔5〕，聊效陶潛書甲子。星回世換市朝新，頭白空山與鬼鄰。更有橫金拖紫客〔6〕，臨危不死穩藏身。

〔校注〕

〔1〕解梅嘲：解嘲：《漢書》卷八七下《揚雄傳》：「哀帝時丁傅董賢用事，諸附離之者或起家至二千石……或嘲雄以玄尚白，而雄解之，號曰『解嘲』。」解嘲，指因被人嘲笑而自作解釋。

〔2〕鵂鶹：貓頭鷹一類的鳥。

〔3〕囅（chǎn）：大笑。

〔4〕闔風：作者居住的闔風里。

〔5〕夷齊：伯夷、叔齊的合稱。見《史記・伯夷列傳》。

〔6〕橫金：宋代標識官階高低的一種佩戴。宋徐度《卻掃編》卷上：「舊制，執政以上，始服球文帶，佩魚；侍從之臣，止服遇仙帶，世謂之橫金。」

戲贈陳用之羨渠食筍也〔1〕

食筍肥勝肉，胸吞千畝寬。汗青終日對〔2〕，水墨一窗寒。吾子風流甚，此君冰雪完。每思參玉版〔3〕，莫作北傖看〔4〕。

〔校注〕

〔1〕陳用之：作者弟子。

〔2〕汗青：古代在竹簡上書寫，先用火炙竹青令汗，乾則易寫，並可免蟲蛀，謂之「汗青」。引申為書冊。

〔3〕參玉版：筍的別名。宋惠洪《冷齋夜話・東坡作偈戲慈雲長老》：「（蘇軾）嘗要劉器之同參玉版和尚，……至廉泉寺燒筍而食，器之覺筍味勝，問此筍何名，東坡曰：『即玉版也。此老師善說法，要能令人得禪悅之味。』於是器之乃悟其戲。」

〔4〕北傖：晉朝時南方豪強強調自己的地方色彩，鄙視南下的北方貴族，稱之為「北傖」，意為北地的野蠻人。

戲作

莫笑山居僻，山居號令明。芭蕉工報雨，鵂鶹解知更。樵長專封拜〔1〕，詩壇擁甲兵。開窗一壺酒，新句賞新晴。

〔校注〕

〔1〕封拜：封爵拜官。

戲述任翻詩句酬儲梅癯見和之作〔1〕

我愛巾山去復回〔2〕，城中平地起崔嵬〔3〕。前村清景何人占，絕頂新涼幾夜來。鶴起露翻松磴響〔4〕，僧吟月上竹房開。任翻煉得清新字，想見斯人百念灰〔5〕。

〔校注〕

〔1〕任翻：唐詩人。翻作蕃，又作藩。儲梅癯：與詩人唱和之朋友，生平不詳。

〔2〕巾山：又名巾子山、金紫山，在浙江臨海台州府城之東南隅。連小固山兩峰，瀕靈江。《赤城志》云：兩峰如帢幘，其頂雙塔，差肩屹立。意態不凡，人稱帢幘峰。舊傳有皇華真人（或稱華胥子）修煉於此，得道昇天，墜其巾幘而成。

〔3〕崔嵬：有石的土山。

〔4〕松磴：指有松樹的阪道。

〔5〕百念灰：各種念頭都成了灰。比喻心灰意冷。

戲贈牛女

擲果久憐潘岳好〔1〕，投梭不放幼輿癡〔2〕。彩雲似扇羞郎面，新月如弓學婦眉。喜鵲成橋終有別，陽烏出海且教遲〔3〕。如何自古占天者，不說經躔有動移〔4〕。

〔校注〕

〔1〕擲果：《世說新語·容止》：「潘岳妙有姿容，好神情。少時挾彈出洛陽道，婦人遇者，莫不連手共縈之。」南朝梁劉孝標注引晉裴啟《語林》曰：「安仁至美，每行，老嫗以果擲之滿車。」後因以「擲果」為男子貌美受女子愛慕的典故。潘岳：字安仁，西晉著名文學家。榮陽中牟（今河南中牟）人。少聰穎，邑人稱為「神童」。

〔2〕投梭：投擲織梭。形容女子品行端正，貞潔自守。

〔3〕陽烏：神話傳說中在太陽裏的三足鳥。《文選·左思〈蜀都賦〉》：「羲和假道於峻歧，陽烏回翼乎高標。」

〔4〕經躔：日月星辰運行度次，即指其行經的軌跡。

三月二十三日效樂天體

習習東風白苧裘〔1〕，餘寒未盡滯清愁。柳疑楚舞腰偏細，鶯學吳音舌更柔。好景良辰千古在，騷人墨客幾時休。一年佳致惟春莫，可惜花飛人白頭。

〔校注〕

〔1〕白苧裘：白色的苧麻；苧麻布製成的衣服。比喻粗布衣。裘，本來是古代皮毛制服，此與白苧連用。

郭似山道士寄惠竹筆兩束啟緘乃羊毫也作詩戲之〔1〕

似山惠我筍絲筆，乃是長鬚公子毫。竹簡固應同祓滌〔2〕，琅函寧肯近腥臊〔3〕。若非月裏霜夋兔〔4〕，恐是仙家雲鹿毛。潤筆定須三百束〔5〕，為君滴露注莊騷〔6〕。

〔校注〕

〔1〕郭似山：與仁和名道士周允和（1220～1285）、褚雷為方外好友。

〔2〕祓：祓除；用祭祀、齋戒、沐浴等方法消除邪祟的宗教行為。滌：洗。

〔3〕琅函：書匣的美稱。腥臊：惡臭的氣味。

〔4〕夋兔：行走緩慢的兔子。

〔5〕潤筆：請人作詩、文、書、畫之酬勞。

〔6〕莊騷：指戰國莊子的《莊子》和屈原《離騷》的總稱。

又戲和正仲賦剪春羅〔1〕

昔時剪綵聊為假，今見裁羅卻是真。葉底彩窠本機戶，花邊線草是針人。獨客書齋思拆補，靜姝繡閣學縫紉。晚花開遍幽畦草，石竹山丹及麗春。

〔校注〕

〔1〕正仲：劉莊孫，字正仲，號樗園，寧海人（《新元史》作天台人）。曾跟從舒岳祥遊學，其文與舒岳祥齊名，為吳子良弟子，在大學五年，不獲釋褐。喜著書，著《書傳》《易志》等書。《新元史》卷一百三十有傳。

為昆石蒲苗刪去焦葉戲成〔1〕

細雨幽窗曉露垂，鴈苗昆石兩相宜。老翁拔白知無用，且為昌蒲鑷退髭。

〔校注〕

〔1〕蒲苗：即詩中所云「菖蒲」之苗。昌蒲：昌，通「菖」。多年生草本植物。生在水邊，有淡紅色根莖，葉子呈劍形，夏天開花，淡黃色，肉穗花序。根莖可做香料，中醫用做健胃劑，外用可以治牙痛、齒齦出血等。

戲詠玉簪花金線草二物

金線草頭蜂展翅〔1〕，玉簪花頷鷺生兒〔2〕。窗前野草皆天巧，也有閒人為賦詩。

〔校注〕

〔1〕金線草：多年生草本。根莖粗壯，直立被糙伏毛，橢圓形或長橢圓形或稀倒卵形葉子，穗狀花序。

〔2〕玉簪花：別名玉簪、白鶴仙、白萼、化骨蓮，為百合科植物玉簪的花。

小春聞提壺鳥戲成〔1〕

越鳥憂兄行不得〔2〕，蜀禽勸客不如歸。何如聽此提壺語，美酒沽來總息機〔3〕。

〔校注〕

〔1〕提壺鳥：省稱「提壺」。據說此鳥叫聲像「提壺」。

〔2〕越鳥：南方的鳥兒。

〔3〕息機：擺脫世務，停止活動。

觀萬堂村飲戲成〔1〕

芋魁豆角烏橢子〔2〕，不用山翁舉箸肥。聞道細鱗長九寸，夜來溪火急成圍。

〔校注〕

〔1〕萬堂村：飲酒之地。

〔2〕芋魁豆角：芋魁豆飯。《漢書‧翟方進傳》：「王莽時常枯旱，郡中追怨方進，童謠曰：『壞陂誰？翟子威。飯我豆食羹芋魁。』」顏師古注：「羹芋魁者，以芋根為羹也。」比喻食物粗劣。

代梅所戲答正仲用韻贈管城子二絕〔1〕

正仲和予《七夕詩》，謂北方以中秋月明為利用行師，其說未知出於何人，恐非是。考《漢書‧高祖紀》：「秋毫無所犯」。文穎曰：毫至秋乃成，世傳此夕月明，則多兔，感陰魄而生也。此說近理，故戲作此以正之。

其一

誰將明月作邊愁，玉兔毫成是素秋〔2〕。縛取山中毛氏族，盛行文教寢旄頭〔3〕。

〔校注〕

〔1〕戲答：以遊戲、玩笑般調戲的態度或帶著一種忽悠的口吻來回答問題。管城子：《全唐文》卷五百六十七《韓愈二十一・毛穎傳》，唐代韓愈曾寫《毛穎傳》，說毛筆被封在管城，叫「管城子」。後因為毛筆的代稱。亦稱「管城君」等。陰魄：月亮的別稱。

〔2〕素秋：秋季，古代五行說，以金配秋，其色白，故稱素秋。

〔3〕文教：中國舊指以倫理為中心的禮樂典章制度等政教及其傳播教化。　旄頭：《史記》卷二十七《天官書》：「昴曰髦頭，胡星也。」唐張守節《史記正義》：「搖動若跳躍者，胡兵大起；一星不見，皆兵之憂也。」旄頭即髦頭，昴星。古人認為它是胡星，它的搖動是「胡兵大起」的徵兆。

其二

離離漠漠總牢愁，仰面書空一幅秋〔1〕。比似羲皇元未畫〔2〕，何須小楷作蠅頭。

〔校注〕

〔1〕書空：用手指在空中虛劃字形。

〔2〕羲皇：伏羲，華夏民族人文先始、三皇之一，亦是福祐社稷之正神，同時也是我國文獻記載最早的創世神。

九月初十日山房午睡恍見梅枝已吐白矣驚喜而作

生愛梅花是性情，故園阻絕淚縱橫。夢中驚見南枝曝，起繞山邊水畔行。

陳必復

　　陳必復，字无咎，號藥房。長樂人（一作永福，今屬福建）。理宗淳祐十年（1250）進士。寧宗嘉定時卜居封禺山中。初愛晚唐詩，及讀杜詩，規仿杜甫。詩皆五七言律詩。多寫隱居生活及描寫自然風物。有《山居存稿》。今錄戲謔詩 2 首。

書齋戲題
　　數簷隙地葺幽齋，小作軒窗傍竹開。行蟻上緣風折筍，饑鴉爭啄雨殘梅。閉門惟有讀書樂，愛客苦無佳士來。最憶西湖柳陰底，扁舟欲去尚徘徊。

戲折竹葉為舟示奚奴〔1〕
　　乃翁兒戲可憐生，折葉浮舟趁岸行。有便信風翻覆易，無心逐水去留輕。觸崖頗似乘時意，藏壑深關遯世情〔2〕。幸喜此身元不繫，底須壁上覓寰瀛〔3〕。

〔校注〕
〔1〕奚奴：《周禮·天官》「奚三百人」，漢鄭玄注：「古者從坐男女沒入縣官為奴，其少才知以為奚。今之侍史官婢。」後以「奚奴」稱奴僕。
〔2〕藏壑：《莊子·大宗師》：夫藏舟於壑，藏山於澤，謂之固矣，然而夜半有力者負之而走，昧者不知也。王先謙集解：舟可負，山可移。宣云：造化默運，而藏者猶謂在其故處。後用以比喻事物不斷變化，不可固守。
〔3〕寰瀛：天下，全世界。晉崔梲《晉朝饗樂章·三舉酒》：「朝野無事，寰瀛大康。」

陳 杰

陳杰，字燾父，洪州豐城（今屬江西）人。理宗淳祐十年（1250）進士，官江南西路提點刑獄兼制置司參謀。宋亡，隱居東湖，著有《自堂存稿》四卷。今錄戲謔詩 3 首。

京口閒行逢李編校謂嘗共蒲戲於長安酒家殊惘然也〔1〕

萬人如海長安市〔2〕，歌酒相逢底處樓。容有門間曾半面，可堪塵際重回頭。我非賣藥伯休那〔3〕，君豈呼盧彥道不〔4〕。歸過舊題梅柳處，寄聲為謝少年遊。

〔校注〕

〔1〕蒲戲：樗蒱之戲。《南史・王弘傳》：「此人嘗以蒲戲得罪，弘詰之曰：『君得錢會戲，何用祿為？』」

〔2〕萬人如海：形容人極多。宋蘇軾《病中聞子由得告不赴商州三首》：「萬人如海一身藏。」

〔3〕伯休：《後漢書・韓康傳》云：東漢韓康，字伯休。韓康出身名家，然隱居不仕，常採藥於深山，賣藥於長安市，三十餘年，口不二價。朝庭徵之，逃遁而去。吳筠《高士詠・韓康》：「伯休抱遐心，隱居自為美。」

〔4〕彥道：南齊褚澄，字彥道，陽翟（今河南省禹州市）人。著名政治家、醫學家。著《褚氏遺書》《褚氏雜藥方》。

燈夕解嘲和同官二首〔1〕

其一

年光冉冉東流水，客恨忽忽旦過僧。門插一枝荊楚柳〔2〕，夢回十里廣陵燈。〔3〕

〔校注〕

〔1〕燈夕：民間風俗，在元宵節晚上要玩燈、賞燈，因以「燈夕」為元宵節的別
稱。宋歐陽修《與王懿敏公書》：「燈夕卻在李端愨家為會，諸君皆奉思也。」
同官：在同一官署任職的人，同僚；官職名位相同。

〔2〕荊楚：古代湖北荊門、荊州、宜昌等地區稱為荊楚。

〔3〕廣陵：秦置縣，西漢設廣陵國，東漢改為廣陵郡，以廣陵縣為治所，故址在今
江蘇揚州市。

其二

同上南樓看月去，莫嫌官舍冷如僧。一株西北平安火〔1〕，萬里東南無盡燈〔2〕。

〔校注〕

〔1〕平安火：唐制，每三十里置一烽候，每日初夜舉烽火一炬以報平安。

〔2〕無盡燈：亦稱長明燈，續明燈。作為供品的燈具，置於佛像前，晝夜長明不熄。

熊　某

熊某，饒州（今江西波陽）人。理宗景定三年（1262）吳潛卒於貶所，有詩感歎。今錄戲謔詩 1 首。

嘲時事

近來西北又干戈，獨立斜陽感慨多。雷為元城驅劫火〔1〕，天胡丁謂活鯨波〔2〕。九原難起先生死〔3〕，萬世其如公論何。道過雕峰休插竹，想逢宗老續長歌。〔4〕

〔校注〕

〔1〕元城：舊元城縣與大名府城同廓，即今河北大名城區。東抵山東、西抵魏縣、南抵大名、北抵廣平、館陶。劫火：借指兵火。

〔2〕丁謂：北宋大臣，字謂之，後更號公言。機敏有智謀，陰險過人，善談笑。鯨波：猶言驚濤駭浪。唐杜甫《舟出江陵南浦奉寄鄭少尹詩》：「溟漲鯨波動，衡陽雁影徂。」

〔3〕九原：九州大地。《國語‧周語下》：「汩越九原，宅居九隩。」南朝宋鮑照《松柏篇》：「永離九原親，長與三辰隔。」

〔4〕《山房隨筆》卷一：「吳履齋（潛）開慶之變再入相，言者附賈似道，描畫彈劾，貶循州而殂，饒州士熊某嘲之云云。」　宗老：對族中尊老的敬稱。《梁書‧蕭琛傳》：「高祖在西邸，早與琛狎，每朝讌，接以舊恩，呼為宗老。」

謝枋得

謝枋得（1226～1289），字君直，號疊山，信州弋陽（今屬江西）人。理宗寶祐四年（1256）進士。曾為建康考官，以賈似道政事命題，被謫居興國軍。恭帝德祐元年（1275）起為江東提刑、江西招諭使知信州。宋亡後，流寓福建一帶，以賣卜教書度日。元朝屢徵其出仕，福建行省參政魏天祐強行送往大都，乃絕食而死。門人私諡文節。原集散佚，後人輯有《疊山集》。今錄戲謔詩 2 首。

戲道士阮太虛〔1〕

阮郎正好住天台，玉女多情忍放回。雨散雲收一天碧，薰風吹夢到瑤臺〔2〕。

〔校注〕

〔1〕阮太虛：詩人的道士詩友，餘皆不詳。另有《贈道士阮太虛何存齋》詩。

〔2〕薰風：和暖的南風或東南風。《呂氏春秋・有始》：「東南曰薰風。」瑤臺：指傳說中的神仙居處。

窗間戲題

雲在青山自往還，鶴穿雲外上青天。雲來鶴去不相試，兩個無心莫結緣〔1〕。

〔校注〕

〔1〕無心：猶無意，沒有打算。結緣：佛教語。謂與佛法結下緣分，為將來得度的因緣。

卷三十五

方　回

　　方回（1227～1307），字萬里，一字淵甫，號虛谷，別號紫陽山人，徽州歙縣（今屬安徽）人。理宗景定三年（1262）進士，歷官安吉州通判，知建德府。方回致力於詩，選唐、宋近體詩，加以評論，成《瀛奎律髓》四十九卷。著《桐江集》《桐江續集》。今錄戲謔詩 46 首。

癸未至節以病晚起走筆戲書紀事排悶十首〔1〕

其一

　　遇節何其窘，治家乃爾難。穀生舂苦碎，薪貴灶嫌寬。病體危狼狽〔2〕，時情畏觸蠻〔3〕。擁衾聞客至，強整舊衣冠。〔4〕

〔校注〕

〔1〕至節：夏至或冬至。走筆：謂揮毫疾書。

〔2〕狼狽：困苦或受窘貌。

〔3〕觸蠻：觸氏與蠻氏是莊子寓言中蝸牛角上的兩個國名。《莊子·則陽》：「有國於蝸之左角者，曰觸氏；有國於蝸之右角者，曰蠻氏。時相與爭地而戰，伏屍數萬，逐北，旬有五日而後反。」蝸牛很小，這兩國所爭之地可見也很小，後因以「觸蠻」指因瑣細之事引起的內部爭端。

〔4〕自注：內借一韻。

其二

　　屋少未成宅，地寬聊作園。吾能甘菜食〔1〕，或頗送花根。蒔喜陽坡暖，澆憐凍井溫。丁寧三徑客〔2〕，緩步惜苔痕。

〔校注〕

〔1〕菜食：謂吃蔬菜等素食，不吃肉魚等。《漢書・王莽傳上》：「聞公菜食，憂
民深矣。」

〔2〕三徑：晉趙岐《三輔決錄・逃名》：「蔣詡歸鄉里，荊棘塞門，舍中有三徑，
不出，唯求仲、羊仲從之遊。」後因以「三徑」指歸隱者的家園。

其三

忍事寧生癭〔1〕，今誰似我能。缺錢分灶婢〔2〕，賒米乞庵僧。惡語
聞皆恕〔3〕，凡詩見亦稱。平生樓百尺，非復舊陳登〔4〕。

〔校注〕

〔1〕癭：因鬱怒憂思過度，氣鬱痰凝血瘀結於頸部，或生活在山區與水中缺碘有關
的病。

〔2〕灶婢：女廚工。宋周必大《元宵煮浮圓子前輩似未曾賦此坐間成四韻》：「湯官
尋舊味，灶婢詫新功。」

〔3〕指拙劣的詩文。宋蘇軾《劉貢父見余歌詞數首以詩見戲聊次其韻》：「門前惡語
誰傳去，醉後狂歌自不知。」

〔4〕陳登（生卒年不詳），字元龍，下邳（今江蘇邳縣）人，東漢末年擔任過廣陵
郡太守。一次，許汜前來探望，元龍知道他無大志，只會「求田問舍」，於是
自己睡在高床上，讓許汜睡下床。

其四

此老誰能畫，蒙頭一破巾。有杯常設客，無局不饒人。僕醉鄰翁怒，
兒啼乳媼嗔〔1〕。佯聾付一笑，莫漫耗精神。

〔校注〕

〔1〕乳媼（ǎo）：乳母。

其五

老子家風舊〔1〕，從來節是常。糟薑三盞酒〔2〕，柏燭一爐香〔3〕。今
歲適多病，吾兒猶異鄉。十分無意緒，簷雨曉淋浪。

〔校注〕

〔1〕老子：老年人自稱。猶老夫。家風：指家庭或家族的傳統風尚或作風。

〔2〕糟薑：糟薑是一種薑的特殊做法。食用糟薑，古已有之，特別是宋朝，更是極
為普遍，備受朝野寵愛。

〔3〕柏燭：用柏脂做成的蠟燭。宋慕容百才《大劍山》詩：「階走楓林葉，窗催柏
燭花。」

其六

貧家無節物，何況此荒城。村妓聞來賀，山翁懶出迎。頭瘍連耳腫
〔1〕，夜雨雜風鳴。政爾堪高臥，床香菊枕成。

〔校注〕

〔1〕頭瘍：頭部瘡瘍。

其七

重報鶯花信，誰司鐵炭權〔1〕。更經三度節〔2〕，即滿六旬年。豪動
書千紙，窮難致一錢。不憂無穴葬，惟喜有詩傳。

〔校注〕

〔1〕鐵炭：鐵和炭。古代用於探測節候變化的儀器上。《漢書·李尋傳》：「政治感
陰陽，猶鐵炭之低印，見效可信者也。」顏師古注引孟康曰：「《天文志》云『縣
土炭』也。以鐵易土耳。先冬夏至，縣土炭於衡，各一端，令適停。冬，陽氣
至，炭仰而鐵低；夏，陰氣至，炭低而鐵仰。以此候二至也。」

〔2〕三度：三次。節：符節，符是皇帝或君王傳達命令或調動軍隊的憑證。由左右
兩半組成，右半存於王或統帥手中，左半發給地方官吏或統兵將領手中。

其八

家人簪珥舊，草草亦梳妝。雪幾茶花雅，風爐柿葉香〔1〕。乃翁時自
笑，此輩詎吾量。免賀俱休拜，新正一併償〔2〕。

〔校注〕

〔1〕風爐：一種小型的爐子。古代多用於煮茶燙酒等。

〔2〕新正：指農曆新年正月，或農曆正月初一，元旦。

其九

古道古君子〔1〕，今於何處求。每聞棝馬棰〔2〕，不慮藜轤秋〔3〕。賈
藥全多偽，醫錢卒易酬。頭岑姑止酒〔4〕，或恐自然瘳〔5〕。

〔校注〕

〔1〕古道：古代之道。泛指古代的制度、學術、思想、風尚等。漢桓寬《鹽鐵論·殊路》：「夫重懷古道，枕藉《詩》《書》，危不能安，亂不能治。」

〔2〕馬箠：亦作「馬捶」「馬垂」。馬杖；馬鞭。《莊子·至樂》：「莊子之楚，見空髑髏，髐然有形，撽以馬捶。」

〔3〕蘗：被砍去或倒下的樹木再生的枝芽。《漢書·貨殖傳》：「然猶山不茬蘗。」

〔4〕頭岑：頭疼。止酒：戒酒。晉陶潛《止酒》詩：「平生不止酒，止酒情無喜。」

〔5〕瘳（chōu）：病癒。

其一〇

雲無可書者，泥屨隔牆聲。小市局虛肆，荒庖絕美烹。流涎淮蟹紫，入夢海柑頳〔1〕。莫殢閉關卦〔2〕，兵戈商不行。

〔校注〕

〔1〕頳（chēng）：同「赬」；紅色。

〔2〕殢：滯留；糾纏；沉溺。

至後承元煇見和復次韻書病中近況十首〔1〕

其一

千金營可致，一句得應難。積債真無奈，成詩且自寬。冰軷窮朔漠，火瘴度甌蠻〔2〕。不似山中好，歸歟遂掛冠〔3〕。

〔校注〕

〔1〕元煇：方回《次韻劉元煇〈初寒夜坐〉（並序）》云：「元煇示新詩，其《初寒夜坐》有云：『四壁兒糊如暖障，一燈妻占補寒衣』，清麗有味。因獨和此一篇為謝。」《宋詩紀事》卷七十七：「劉光，字元煇，生宋季。有《曉窗吟》卷。」《弘治徽州府志》卷九「人物志」：「劉光，字元煇，號曉窗，歙在城人。幼孤力學，工詩賦，鄉試屢居亞選。性恬淡，不與物競，閉門授徒五十餘年……喜為詩，晚益工，有《曉窗吟稿》。卒年八十餘。」《宋詩紀事小傳補正》卷四：「劉光，號曉窗，歙人。幼孤力學，閉門授徒五十餘年。郡守許楫深敬之，請主鄉邑文學。行省差充寧國路學正，不赴。喜為詩。」

〔2〕瘴：瘴氣。甌：浙江溫州的別稱。

〔3〕掛冠：楚國龔舍、漢逢萌均有解衣冠，掛東都城門。後因以「掛冠」指辭官、
　　　棄官。

其二

曾被卑辭誤〔1〕，吾嘗笑綺園〔2〕。共欺蛇帝醉〔3〕，不保橘奴根〔4〕。
病起晴冰破，禪悠凍石溫。向來腐余夢〔5〕，拂拭了無痕。

〔校注〕

〔1〕卑辭：亦作「卑詞」。言辭謙恭。《公羊傳・僖公二六年》：「乞師者何？卑辭也。」
　　　晉葛洪《抱朴子・欽士》：「不憚屈已，不恥卑辭，而以致賢為首務，得士為重
　　　寶。」

〔2〕綺園：綺里季、東園公，即商山四皓。

〔3〕蛇帝：指斬蛇帝子劉邦。照應標題「元煇」之劉姓。

〔4〕橘奴：指柑橘。也借指維持生計的家產。典出晉陳壽《三國志・吳書・孫休傳》。

〔5〕腐：通「拊」，拍；擊。

其三

昔可今惡可，人能我不能。已無換馬妾〔1〕，惟有打門僧。幼婦慚前
作〔2〕，愚公定別稱〔3〕。少狂老方悔，焉用一科登。

〔校注〕

〔1〕換馬妾：《妾換馬》：唐李玖《異聞實錄》云：酒徒鮑生多聲妓・外弟韋生好乘
　　　駿馬經行四方。各求其好，一日相遇於途，宿於山寺，各出所有互易之，乃以
　　　女妓善四絃者換紫叱撥。會飲未終，有二人造席，適聞以妾換馬，可作題共聯
　　　賦？乃折庭下蕉葉書之。一云：「彼佳人兮，如瓊之英。此良馬兮，負駿之名。
　　　將有求於逐日，豈得吝於傾城。香暖深閨，未厭夭桃之色；風清廣陌・曾憐噴
　　　玉之聲。」一曰：「步至庭砌，立當軒墀。望新恩，懼非吾偶也；戀舊主，擬
　　　借人乘之。香散綠鬃，意以忘於鬢髮；汗流紅頷，愛無異於凝脂。」二客自稱
　　　江淹、謝莊也。

〔2〕幼婦：少女。借指「妙」字。南朝宋劉義慶《世說新語・捷悟》：「幼婦，少女
　　　也，於字為妙。」

〔3〕愚公：泛指隱者。

其四

往事付杯酒，殘生餘幅巾〔1〕。更須占大衍〔2〕，久已玩同人。犒少傭奴懶，迎遲過客嗔。悔曾迷宦海，素不媚錢神〔3〕。

〔校注〕

〔1〕幅巾：古代男子以全幅細絹裹頭的頭巾。後裁出腳即稱襆頭。《東觀漢記·鮑永傳》：「更始歿，永與馮欽共罷兵，幅巾而居。」

〔2〕大衍：《周易·繫辭上》：「大衍之數五十，其用四十有九。」所言應該是「易有大極，是生兩儀，兩儀生四象，四象生八卦」的三段式宇宙衍化過程。

〔3〕錢神：謂金錢之力，如同神物。晉元康之後，綱紀大壞。魯褒著《錢神論》一文，刺世風之貪鄙。見《晉書·隱逸傳·魯褒》。唐白居易《江南謫居十韻》：「憂方知酒聖，貧始覺錢神。」後常貶稱萬能的金錢。

其五

病無醫自愈，餐飯漸如常。懶別書燈暗，閒挼藥紙香。就令窮有鬼，終愛醉為鄉〔1〕。輸與諸年少，從軍過樂浪〔2〕。

〔校注〕

〔1〕韓愈《送窮文》、王績有《醉鄉記》。

〔2〕樂浪：治所在朝鮮（今朝鮮平壤市南）。轄境約當今朝鮮平安南道，黃海南北道，江原道和咸鏡南地道。西晉末地入高句驪。

其六

閒居已三載，不憶舊專城〔1〕。未暇憂饑凍，唯便免送迎。飛花棋上落，幽鳥枕前鳴。寒極如春月，新篘綠酒成〔2〕。

〔校注〕

〔1〕專城：指任主宰一城的州牧、太守等地方長官。

〔2〕新篘（chōu）：新漉取的酒。唐段成式《怯酒贈周繇》詩：「大白東西飛正狂，新篘石凍雜梅香。」宋蘇軾《和子由聞子瞻將如終南太平宮溪堂讀書》：「近日秋雨足，公餘試新篘。」

其七

騷壇君肯將，吾敢與爭權。風月三千首，江湖四十年。老思騎竹馬〔1〕，窮笑惜苔錢〔2〕。此味諸人會，遺燈或許傳。〔3〕

〔校注〕

〔1〕騎竹馬：古時兒童常相與騎竹馬為戲，後因用作詠兒童生活與友誼的典故。南朝宋劉義慶《世說新語・品藻》：「桓公語諸人曰：『少時與淵源共騎竹馬。』」

〔2〕苔錢：青苔點形圓如錢，故曰「苔錢」。

〔3〕自注：白樂天詩：「大曆年中騎竹馬，何人得見會昌春。」陳司封亞詩：「排聯花品曾非借，愛惜苔錢不是慳。」

其八

鄰人窺小圃，籬落倚村莊。雪屋晴窗淨，山爐焰火香。異花看又數，隙土步頻量。擬築新亭小，如山債未償。

其九

病來諸事懶，於世百無求。古帙蟫吞字〔1〕，閒鞍鼠斷秋。佳招差可謝，新詠決須酬。耳聵頭昏極，君詩到即瘳。

〔校注〕

〔1〕蟫：蠹魚。蛀蝕衣服、書籍的蠹蟲。

其一〇

剩欲延諸彥〔1〕，嚶嚶聚友聲。尚堪紬古玩〔2〕，祇愧乏珍烹。君健鬆髯碧〔3〕，吾衰瓠頂赬〔4〕。何當即勿藥，環席百杯行。

〔校注〕

〔1〕諸彥：眾賢才。南朝宋謝靈運《擬魏太子「鄴中集」詩八首序》：「天下良辰美景賞心樂事，四者難並，今昆弟友朋，二三諸彥，共盡之矣。」唐杜甫《積草嶺》詩：「卜居尚百里，休駕投諸彥。」

〔2〕紬：綴集。

〔3〕鬆髯：指鬍鬚。

〔4〕瓠頂赬：赬，淺紅色。指露頂。

旅況戲題

行役亦何聊，聽予旅況謠。水須分嶺頂，路必過山腰。早問人求店，無輕馬度橋。衣袍不解帶，側臥幾寒宵。

生日戲歌

予生以丁亥前五月十一、其日己未。今闕逢涒灘之歲〔1〕，年五十八良遇。家兄來言，是日亦適值己未，又適有閏五月。乃戲作此歌紀之。

予生寶慶之三歲，五月十一日己未。五十有八甲申年，其日己未亦復然。天支地干標六秀，四柱得一文且壽〔2〕。陽火在天為太陽，陰火為月受日光。將望之前四日夕，十分圓光已八七。常聞人生不滿百，何幸七十且八十。文章學問七八分，亦勝愚夫老無聞。古之五月而生者，後有胡廣前田文〔3〕。予賤不敢望漢相，貧亦不能孟嘗君〔4〕。藉使時人不比數，自有詩名照千古。垂弧之月至於今〔5〕，適逢前五仍後五。稚女簪榴花，小兒著艾虎〔6〕。宿醒困不解〔7〕，依舊醉起舞。不妨一年兩度作生朝〔8〕，更造菖蒲酒〔9〕，飲過閏端午。

〔校注〕

〔1〕涒灘之歲：「歲在涒灘」指的是申年，相當於：「太陰在申，歲名曰涒灘。」

〔2〕四柱：舊時星相家以人出生的年、月、日、時為四柱；合四柱之干支為八字。

〔3〕胡廣（？～1130），兩宋之際人，籍貫不詳。建炎中，為禁軍士卒，戍守和州。建炎四年（1130），金軍圍攻和州，乃伏城東北角，發強弩射中金帥完顏宗弼左臂。後城破，力戰而死，其屍體遭金軍肢解。

〔4〕孟嘗君：即田文，戰國齊貴族，封於薛（今山東滕縣南），稱薛公，號孟嘗君。為戰國四公子之一，以善養士著稱。一度入秦，秦昭王要殺害他，賴門客中擅長狗盜雞鳴者的幫助而逃歸。後卒於薛。

〔5〕垂弧：懸弧。古代風俗，家中生男孩便在門左掛一張弓。《禮記·郊特牲》及《禮記·內則》：「子生，男子設弧於門左。」弧，弓。後因稱生男孩為懸弧，稱男子生日為懸弧之旦。韋應物《始建射侯》：「男子本懸弧，有志在四方。」包何《相里使君第七男生日》：「他時干蠱聲名著，今日懸弧宴樂酣。」

〔6〕艾虎：古俗，端午日採艾製成虎形的飾物，佩戴之謂能辟邪祛穢。

〔7〕宿醒：猶宿醉。

〔8〕生朝：生日。

〔9〕菖蒲酒：用菖蒲葉浸製的藥酒。舊俗端午節飲之，謂可去疾疫。

釋臨邛記方物戲作

甲申七月十九日，偶讀宇文紹奕《臨邛記》所書方物〔1〕，多用雅名奇字。予因取經史《爾雅》本書〔2〕字書諸雜小說為訓釋，凡三日乃已。

昔人注爾雅，大儒以為誚。學詩貴多識，聖言厥有詔。下博梯上約，後進曷克劭〔3〕。矧於點黮間，懵弗省體要〔4〕。俗喙僅能口，古吭略未剽。四聲故攣拘〔5〕，六書本幻妙。嚄姓駮庫暨，辯義譴篤笑。往訛足可戒，夙是政宜肖。郊霓縱劣約，窗岫寧蹈眺。鰕也缺茲析，寸抱踏虩虩。探架獲塵帙，偶幸脫斯燎。壁蟫蝕心胸，不受俞扁療〔6〕。糒食忘調饑，微膏戀殘照。幽暗發蒙蔀〔7〕，乖剌合券約〔8〕。稍免杕杜辱〔9〕，敢倚阰隅俏〔10〕。虛空了無味，強作吳牯噍〔11〕。稅駕如還鄉〔12〕，舍爵欲告廟〔13〕。一方筆千名，擬謨貯深嶠。桑榆老禿翁，廊肆付周召〔14〕。詎思玉豉餌〔15〕，豈羨金鹽釀〔16〕。庶異速朽子，霜原委荒燒。眼前黃口兒，曲踴詫壯少〔17〕。但喜鮀醹釄〔18〕，靡肯囊熠耀〔19〕。吾衰□□苦，汝健騁輕趫。布穀會有時，焉得常鸝鵁。

〔校注〕

〔1〕宇文紹奕：字卷臣，一作字袞臣，成都雙流（今屬四川）人。曾為吏部郎，以承議郎通判劍州，晚年知臨邛（今四川邛崍）、廣漢（今四川廣漢），以謗被黜，卒於家。與陸游交至厚。著有《原隸》《臨邛志》等。事見《全蜀藝文志》、陸游《渭南文集》。

〔2〕書，清抄本卷八作「草」。

〔3〕克劭：高尚；美好。

〔4〕體要：大體；綱要。

〔5〕四聲：漢語字音的聲調。古漢語字音的聲調有平聲、上聲、去聲、入聲四種，總稱「四聲」。

〔6〕俞扁：俞跗、扁鵲兩位古代名醫的並稱。借指醫生、名醫。

〔7〕蒙蔀：籠蔀。即竹籠和小竹簍。

〔8〕乖剌：違忤；不和諧。合券：核驗契據。

〔9〕杕杜：孤生的赤棠。

〔10〕阰隅：隩隅，室內西南角。

〔11〕吳牯：吳地的水牛。

〔12〕稅駕：猶解駕，停車。謂休息或歸宿。

〔13〕告廟：古代天子或諸侯出巡或遇兵戎等重大事件而祭告祖廟，稱「告廟」。

〔14〕廊肆：廊廟。周召：亦作「周邵」。周成王時共同輔政的周公旦和召公奭的並
　　　　稱。兩人分陝而治，皆有美政。

〔15〕玉豉：自注：「玉豉者，地榆。」中藥地榆的別名。

〔16〕金鹽：自注：「金鹽者，五加皮。見《本草》。」

〔17〕曲踴：向上跳。

〔18〕醽醁：亦作「醽淥」，美酒名。

〔19〕熠耀：借指螢火蟲。唐元稹《江邊四十韻》：「斷簾飛熠耀，當戶網蠨蛸。」宋
　　　　蘇軾《秋懷》詩之一：「熠耀亦求偶，高屋飛相追。」

郡送桃符戲書〔1〕

　　狂頗如豪拙似癡，人難忍者我能之。六旬老境三椽屋，四海虛名萬
首詩。不惜黃金償酒債，猶將白髮綴花枝。兒孫十輩誰家有，心事唯應
造物知。

〔校注〕

〔1〕桃符：相傳桃木有壓邪驅鬼的作用。漢劉熙《釋名》：「符，付也。書所敕命於
　　上，付使傳行之也。」桃符即辟邪用的桃木板。每當辭舊迎新之際，人們用桃
　　木板分別刻上「神荼」「鬱壘」二神之像，然後把圖像懸掛於門首，意在消災
　　祈福。後簡化為寫上二神的名字懸掛。唐白居易《白孔六帖》：「正月一日，造
　　桃符著戶，名仙木，百鬼所畏。」宋王安石《元日》詩：「千門萬戶曈曈日，
　　總把新桃換舊符。」

一笑

　　棘為籬落板為扉，堂上春山碧四圍。前後相承花百種，往來自在燕
雙飛。賣田不恥因償債，耽酒無厭更典衣。人道家貧詩卻富，先生一笑
久忘機〔1〕。

〔校注〕

〔1〕忘機：消除機巧之心。常用以指甘於淡泊，與世無爭。

頻醉

　　紅塵謫墮侍晨仙〔1〕，屈指明年六十年。身後不營埋骨地，春來頻醉賞花天。屢聞漢相誅東市〔2〕，深羨周農服下田〔3〕。烜赫豈如常寂靜，山中幸有酒如泉。

〔校注〕

〔1〕謫墮：謂仙人獲罪而貶降、託生人世。侍晨仙：道家稱侍奉天帝的仙官、侍從。晨，通「宸」，帝居。

〔2〕東市：漢代在長安市處決判死刑的犯人。後以「東市」泛指刑場。

〔3〕周農服下田：指伯夷叔齊事。見《史記‧伯夷列傳》。

春日俳體〔1〕

　　氣至時來物不違，小園閒步見天機。荷錢欲出鳴蛙出〔2〕，柳絮才飛乳燕飛。屋少地寬何不可，家貧春好未全非。莫欺白髮渾如雪，杯到猶能疾手揮。

〔校注〕

〔1〕俳體：詩文中詼諧幽默，含有諷諭的遊戲之作，稱為「俳諧體」，略稱「俳體」。唐杜甫有《戲作俳諧體解悶》詩二首。宋陸游〈老學庵筆記〉卷五：「紹興中，有貴人好為俳體詩及箋啟。」明徐師曾《文體明辨序說》：「《詩‧衛風‧淇奧》云：『善戲謔兮，不為虐也。』此謂言語之間耳。後人因此演而為詩，故有俳諧體……雖含諷諭，實則詼諧，蓋皆以文滑稽耳，不足取也。然以其有此體，故亦採而列之。」

〔2〕荷錢：指初生的小荷葉。因其形如錢，故名。

戲書

　　萬有非真偶有之〔1〕，倏無合悟本無時。伯夷季札輕千乘〔2〕，肯著春風護柳枝。

〔校注〕

〔1〕萬有：猶萬物。《子華子‧陽城胥渠問》：「太初胚胎，萬有權輿。」

〔2〕伯夷：見《史記‧伯夷列傳》。千乘：戰國時，諸侯國小的稱「千乘」，大的稱「萬乘」。

病稍愈戲書三十韻

　　藥滓棄盛缽，藥貼堆滿案。藥價殊不廉，藥效一何緩。身昔未病時，飲啖百無憚。一病半月餘，食味等土炭。晝睡反多夜，夕呻每徹旦。席硬骨加痛，衾垢膚轉汗。三更渴吻急，強起揭書幔。燈暈大如盆，故作紅碧爛。年今五十九，溘死詎足歎。先君抱幽憤，較茲減三算。杜梅兩詩老〔1〕，聲價百代冠。享壽僅及此，官職亦云漫。又如同學生，何止夭閼半〔2〕。中道或無成，萬事春凌泮。老我幸已多，苟脫兵火難。剝膚極脁削〔3〕，齫口就退愞〔4〕。造物屢見赦，得失互驚惋。未容遽朽腐，更遣足憂患。假如即不起，遊魂去常幹。殮具無可陳，襄事孰與贊〔5〕。二兒寓鄰州，兩月消息斷。何時捐別業，理舟抵歸岸。人生良艱哉，受此世緣絆。搶榆及摶風〔6〕，各各憑羽翰〔7〕。至靈可不如，外攻乏中捍。自非有仙骨，寧免寒暑鍛。彭殤終同途〔8〕，顏跖匪殊貫〔9〕。形凝靡不銷，氣聚會有散。達者悟斯理，盧胡一笑粲〔10〕。排悶寫心謠，治命實非亂。

〔校注〕

〔1〕杜梅：杜甫（712～770）和梅堯臣（1002～1060），兩人均五十九歲去世。

〔2〕夭閼：夭亡，夭折。

〔3〕剝膚：語本《易・剝》：「剝床以膚，切近災也。」謂災禍已迫其身。唐韓愈《鄆州溪堂詩序》：「剝膚椎髓，公私掃地赤立，新舊不相保持。」脁削：縮減；剝削。

〔4〕愞：古同「懦」，軟弱無能。

〔5〕襄事：成事。語出《左傳・定公十五年》：「葬定公，雨，不克襄事。」杜預注：「雨而成事，若汲汲於欲葬。」後因以稱下葬。

〔6〕搶榆：《莊子・逍遙遊》：「蜩與學鳩笑之曰：『我決起而飛，搶榆枋。』」「搶榆」借指僅能短程飛掠的小鳥。亦以喻胸無大志或胸無大志者。摶風：《莊子・逍遙遊》：「摶扶搖而上者九萬里。」扶搖，旋風。後因稱乘風捷上為「摶風」。

〔7〕羽翰：飛翔；飛昇。唐李紳《華頂》詩：「浮生未有從師地，空誦仙經想羽翰。」

〔8〕彭殤：猶言壽夭。彭，彭祖，指高壽；殤，未成年而死。語本《莊子・齊物論》「莫壽於殤子，而彭祖為夭」。晉王羲之《〈蘭亭集〉序》：「固知一死生為虛誕，齊彭殤為妄作。」

〔9〕顏跖：顏回和盜跖的並稱。盜跖是著名的大盜，顏回是孔子的得意弟子，意
　　　為像盜跖這樣的壞人得到長壽，像顏回這樣的賢人卻得不到長壽，天理命
　　　運的無常。唐皮日休《九諷繫述·遇謗》：「既不辨於顏跖，遂一貫於堯桀。」

〔10〕盧胡：謂笑聲發於喉間。宋蘇軾《石芝》詩：「主人相顧一撫掌，滿堂坐客皆
　　　盧胡。」一笑粲：謂粲然一笑。宋蘇軾《詛楚文》詩：「遼哉千歲後，發我一
　　　笑粲。」宋陸游《贈持鉢道人》詩：「相逢一笑粲，滯思得披豁。」

歎笑

　　意外無憂惱，予心豈厭貧。索錢紛債主，賒藥愧醫人。坐喪高標盡
〔1〕，時驚俗態新。殘書亦懶讀，滿架付埃塵。

〔校注〕

〔1〕高標：南朝宋劉義慶《世說新語·德行》：「李元禮風格秀整，高自標持。」後
　　　以「高標」指清高脫俗的風範。

編續集戲書

　　朝衣已當酒家錢〔1〕，更賣山中二頃田。盡聽小姬辭別院〔2〕，單留
老馬伴殘年。假令埋骨終無地，斷許知心獨有天。一事差強今晚輩，桐
江續集又千篇〔3〕。

〔校注〕

〔1〕朝衣：君臣上朝時穿的禮服。

〔2〕小姬：指年輕的姜侍。

〔3〕《桐江續集》：詩人方回所編詩集名。

戲詠老農觀稻以秋字為韻

其一

　　扶杖行阡陌，秔秈極望秋〔1〕。兒孫邀按視，父宿聽分抽。村佃同黃
馘〔2〕，山妻對白頭〔3〕。負禾難努力，拾穗尚明眸。糞薄嫌苗瘠，耘遲
訝草留。後生無乃懶〔4〕，今歲更奚尤。糴價先朝賤，租期舊尹憂。邇
來非昔比，誰復為儂憂。路遠筋骸倦，風涼咳唾稠。採壺炊破甑，啖茹

薦新篘〔5〕。一飯都能幾，三杯即告休〔6〕。堆場喧鳥雀，隘巷集羊牛。幼稚茅茨候，驩呼果栗求。雖無玉鳩賜〔7〕，端勝富民侯〔8〕。

〔校注〕

〔1〕秔秈：稻穀。

〔2〕黃馘：黃瘦的臉。借指貧弱、年老者。

〔3〕山妻：隱士之妻。晉皇甫謐《高士傳·陳仲子》：「楚相敦求，山妻了算，遂嫁雲蹤，鋤丁自竄。」後多用為自稱其妻的謙詞。

〔4〕乃，《全宋詩》校：原缺，據清抄本卷一二補。

〔5〕啖茹：吃蔬菜一類食物。薦：進獻，祭獻。新篘（chōu）：新漉取的酒。

〔6〕告休：指官吏退休，辭職。

〔7〕玉鳩：《續漢書·禮儀志》：「仲秋之月，縣道皆案戶民年始七十者，授之玉杖，哺之以糜粥。八十、九十禮有加，賜玉杖九尺，端以鳩為飾。鳩者，不噎之鳥也。欲老人不噎，所以愛民也。」

〔8〕富民侯：《漢書·食貨志》：「武帝末年，悔征伐之事，乃封丞相為富民侯。」顏師古注：「欲百姓之殷實，故取其嘉名也。」《漢書·車千秋傳》：「數月，遂代劉屈氂為丞相，封富民侯。」

其二

久無筋力荷鉏耰〔1〕，坐閱千畦穤稬秋〔2〕。又喜黃雲今滿眼，不知白雪已盈頭。丁寧幼稚頻驅雀，約敕比鄰遠放牛〔3〕。及早兒孫了租稅，頹齡一飽更何憂。

〔校注〕

〔1〕耰（yōu）：古代弄碎土塊、平整土地的農具。

〔2〕穤稬：稻。

〔3〕約敕：亦作「約飭」，約束誡飭。

戲詠昌化縣土風二首〔1〕

其一

闊衣男子荷薪樵，癭頸婦人昂髻髯。巨石塞途饒犖确〔2〕，荒村扃戶故蕭條〔3〕。水風騷屑雨非雨，溪澗復重橋復橋。授粲割鮮何敢望，尚無漓酒與儂澆。

〔校注〕

〔1〕昌化縣：北宋時設置的縣，在今浙江省於潛縣西，天目溪東北岸。

〔2〕犖确：怪石嶙峋貌。

〔3〕扃戶：閉戶。唐李白《贈清漳明府侄聿》詩：「牛羊散阡陌，夜寢不扃戶。」

其二

富有大山無廣川，積多冢樹少炊煙〔1〕。絕奇車盤嶺上石，稍闊走馬平東田〔2〕。竹筐曬穀爭晴日，瓦甕淹虀及凍天〔3〕。未信蘇湖萬頃室〔4〕，數家蕎穄樹頭懸〔5〕。

〔校注〕

〔1〕冢樹：大樹。

〔2〕東田：泛指農田。

〔3〕虀（jī）：搗碎的薑、蒜、韭菜等。

〔4〕蘇湖：蘇指蘇州，今江蘇吳縣一帶，太湖以東。湖指湖州，今浙江吳興一帶，太湖以南。

〔5〕穄：穄子，不黏的黍類。

戲簡楊華父〔1〕

落筆知學力，開口見心事。吾嘗持此說，以閱天下士。楊侯老病軀，斗膽傲一世。王公敢唾罵，聖賢自位置。貧至典深衣，猶抱禹稷志〔2〕。立論無今人，作詩有古意。半夜起醉歌，達旦不肯寐。佯狂未為非，賈禍亦可畏〔3〕。築屋五百間，誓言恢講肄〔4〕。何如覓皂角，浣濯暑服膩。

〔校注〕

〔1〕楊華父：生平不詳，為作者世交和詩友，二人早年常在一起聚宴唱和。

〔2〕禹稷：指夏禹與后稷。夏禹后稷受堯舜命整治山川，教民耕種，稱為賢臣。

〔3〕賈禍：招致災禍。

〔4〕講肄：指講學。

戲書

春天晴更好，無奈惡情懷。馬死鞍空在，花開酒欠佳。鄰醫賒藥餌，侍婢典簪釵。倚杖吟還喜，新分孔墓楷。〔1〕

〔校注〕

〔1〕自注：「鮮于伯幾分惠。」鮮于伯幾，即鮮于樞（1257、1259～1302、1301），字伯機，號困學民，又號直寄老人、西溪子、虎林隱吏。漁陽（今天津薊州區，一云北京）人。歷仕路吏、兩浙轉運司經歷、江浙行省都事、太常寺典簿等。精於書畫辭賦、古玩鑒賞。著有《困學齋雜錄》《困學齋詩集》。鮮于樞工書法，精楷、行、草等書體，尤以草書見長。師法鍾繇、王羲之父子、虞世南、褚遂良、張旭、懷素等人，筆法遒勁婉轉，氣勢雄偉。傳世墨蹟有《老子道德經》《蘇軾海棠詩卷》《王荊公雜詩卷》《唐詩卷》等。

大雪泊平望買酒戲書〔1〕

天若不產綿，世多凍死民。世若不釀酒，亦復愁殺人。凍面無人色，泊舟下塘側。綿衣既雲薄，酒亦何可得。妙絕少陵句〔2〕，舟重欲無聞〔3〕。袖手復縮腳，意終思一醺。試一問篙工，酒自此間有。奈何泥滑滑，寸步未易取。不恨衣綿少，但愁無酒錢。能將錢致酒，即似衣添綿。忍凍至於此，猶喜肆嘲弄。此雪遂大作，不凍復誰凍。

〔校注〕

〔1〕平望：鎮名。在江蘇省蘇州市吳江區南面。唐於此置驛，宋置寨。

〔2〕少陵：指唐詩人杜甫。杜甫常以「杜陵」表示其祖籍郡望，自號少陵野老，世稱杜少陵。唐韓愈《石鼓歌》：「少陵無人謫仙死，才薄將奈石鼓何！」

〔3〕舟重：登峻者戒在於窮高，濟深者禍生於舟重。

留丹陽三日苦寒戲為短歌〔1〕

自從書雲入嘉平〔2〕，一月間無三日晴。大雪二十五六日，漫天塞地冰崢嶸。吳江渡橋意頗快，呂城爭堰心還驚〔3〕。丹陽古縣暮落牽，凍人慾死無人行。夜投孤店風更緊，燃草不煙燈滅影。北人下馬驚相問，自古江南無此冷。求薪不可炭更難，僕御告餒衾褐單。我生南土六十二，自古江南無此寒。臥不脫衣袍帶斷，濕靴破襪泥袴綻。焉得閨人呵手縫

〔4〕，可向誰家借針線。船路不通驛路泥，田家閉戶如雞棲〔5〕。推車荷擔喚不去，寧煨槁秸烹糠粃〔6〕。可以我而返不如，乾坤浩蕩歲雲暮。豈無擁爐畫灰處，焉用遑遑問征路。

〔校注〕

〔1〕丹陽：江蘇鎮江。

〔2〕書雲：宋人詩文多以「書雲」指冬至。嘉平：為臘月的別稱。

〔3〕呂城：在江蘇丹陽東五十里，相傳城為三國吳呂蒙所築。

〔4〕閨人：婦女。有時特指妻子。宋賀鑄《秋風歎》詞：「命閨人，金徽重按，商歌彈，依稀廣陵清散。」

〔5〕雞棲：雞棲息之所，雞窩。《詩·王風·君子于役》：「雞棲于塒，日之夕矣，羊牛下來。」《後漢書·陳蕃傳》：「車如雞棲馬如狗，疾惡如風朱伯厚。」

〔6〕槁秸：稻、麥等的稈子。糠粃：穀皮碎米。指粗劣的糧食。宋蘇軾《吳中田婦歎》詩：「汗流肩䪼載入市，價賤乞與如糠粃。」宋陸游《太息》詩之二：「仕宦十五年，曾不飽糠粃。」

戲書旅況

垢癢頻搔虱欠烘，泥行草宿歎匆匆。欲紉衣苦無針線，每煮羹難得菜蔥。險惡固宜防賊盜，愚頑莫可恕奴僮。閑人況是身為客，是事難將昔日同〔1〕。

〔校注〕

〔1〕是事：事事；凡事。唐韓愈《戲題牡丹》詩：「長年是事皆拋盡，今日欄邊暫眼明。」

俳體戲書二首

其一

擬訓諸郎業典墳〔1〕，浪嗔眾富醉紅裙。千金子擁三千客〔2〕，萬戶侯提百萬軍。帶索榮公知不羨〔3〕，飲瓢顏子定無聞〔4〕。淵明肯仰宣明面〔5〕，早辦棺前自祭文。

〔校注〕

〔1〕典墳：亦作「典賣」。三墳五典的省稱。指各種古代文籍。《淮南子·齊俗訓》：
　　「衣足以覆形，從典墳，虛循撓便身體，適行步。」

〔2〕千金子：富貴人家的子弟；家累千金的人。唐陳子昂《宿空舲峽青樹村浦》詩：
　　「憶作千金子，寧知九逝魂。」三千客：形容門客眾多。戰國齊孟嘗君、魏信
　　陵君、趙平原君、楚春申君四公子皆喜養士，門下號稱有食客三千人。見《史
　　記》四公子本傳。

〔3〕帶索：以繩索為衣帶。形容貧寒清苦。《列子·天瑞》：「孔子游於太山，見榮
　　啟期行乎郕之野，鹿裘帶索，鼓琴而歌。」榮公：指榮啟期。春秋時隱士，
　　傳說曾行於郕之野，語孔子，自言得三樂：為人，又為男子，又行年九十。
　　事見《列子·天瑞》，又見《孔子家語·六本》。後用為知足自樂之典。晉陶
　　潛《飲酒》詩之十二：「顏生稱為仁，榮公言有道。」逯欽立注：「榮公，榮
　　啟期。」

〔4〕飲瓢：以瓢盛水漿而飲。謂過貧苦生活。語本《論語·雍也》：「子曰：『賢哉
　　回也！一簞食，一瓢飲，在陋巷，人不堪其憂，回也不改其樂。』」　顏子：
　　指孔子弟子顏回。

〔5〕宣明：倮露。《素問·五常政大論篇》：「審平之紀，收而不爭，殺而無犯，五
　　化宣明。」

其二

　　世變茫茫不可期，珊瑚作婢搗黃糜。八千里有假附子〔1〕，二十年無
生荔枝。司馬夢迷蘇小小，屏山詩痛李師師〔2〕。祇應骨朽心猶在，倒
海難湔萬古悲〔3〕。

〔校注〕

〔1〕附子：中草藥。見於《神農本草經》。

〔2〕司馬二句：司馬、屏山，蘇小小、李師師，人名對。司馬，指白居易，白曾官
　　江州司馬。屏山，宋詩人劉子翬，號屏山。著《屏山集》，其中的汴京紀事二
　　十首，後《東京紀事》組詩五首之五：「輦轂繁華事可傷，師師垂老過湖湘；
　　縷衣檀板無顏色，一曲當時動帝王。」蘇小小、李師師，二人均為名妓。蘇小
　　小：南朝齊時錢塘名妓。據史書記載，宋朝有個叫司馬槱的書生，在洛下夢一
　　美人搴帷而歌，問其名，曰：西陵蘇小小也。李師師：徽宗時汴京名妓。張子

野曾為製新詞《師師令》。相傳其幼年曾為尼，俗稱佛弟子為師，故名。名士
周邦彥多與來往。宋徽宗曾微服屢訪其居，後入宮封為瀛國夫人，靖康後流落
南方。

〔3〕湔（jiān）：洗雪，清除。

久苦春寒三月三日戲作俳體

　　似惜殘紅未放稀，佳人怯試薄羅衣。桃花水漲冰猶凝，燕子泥融雪
更飛。老去尋芳元自懶，病來吹霙不如歸〔1〕。常嫌禊帖書清朗〔2〕，爾
許奇寒可浴沂〔3〕。

〔校注〕

〔1〕吹霙：傷風感冒。宋周密《癸辛雜識後集‧吹霙》：「吹霙二字，每見劉長卿用
　　之，作傷寒感冷意。問之，則謾云出《漢書》，然莫可考也。繼閱方書於香芎
　　散證治云：『吹霙、傷風、頭痛、發熱。』此必有所據也。」

〔2〕禊帖：《蘭亭序》帖的別稱。晉王羲之著名行書法帖之一。以帖中有蘭亭修禊
　　事語，故名。

〔3〕浴沂：語出《論語‧先進》：「浴乎沂，風乎舞雩，詠而歸。」謂在沂水洗澡。
　　後多用「浴沂」喻一種怡然處世的高尚情操。

偶讀戲書

　　萬物乾坤判女男，始終玄理要精探。九還七返無成說〔1〕，一守三存
亦浪談。未必陽神正解出，可憐癡計謾多貪。誰能喚起梅花夢，生死何
為十有三。

〔校注〕

〔1〕九還七返：亦作「七返九還」「七返九轉」。道教修煉認為，天地有五行，人體
　　有五臟，如此相配，水為腎，火為心，木為肝，金為肺，土為脾。與五行生成
　　之數相配，（即天一生水，地二生火，天三生木，地四生金，天五生土；地六
　　成水，天七成火，地八成木，天九成金，地十成土）腎得一與六，心得二與七，
　　肝得三與八，肺得四與九，脾得五與十。此中七與九是兩個成數，也是兩個陽
　　數，代表人身之陽炁。修煉之士，採煉的就是這個陽炁，以此點化全身陰氣，
　　成就純陽之體。心七為心為火，心火下降，七返於中元而入下丹田，結成大丹，

稱「七返還丹」。肺九為金，金生水，水為元精，精由炁化，故九為元陽之炁，運此陽炁遍布全身，使陰息陽長，稱「九轉還丹」。二者相合，總謂「七返九還」。這是用大衍易數來比喻內丹之道。

題趙子昂摹唐人二戲馬駒〔1〕

我嘗遠過燕山北，樹木已無草一色。騏驥驊騮動萬匹〔2〕，互齧交蹄戲跳躑。誰歟畫此雙名駒，似鬪非鬪相嬉娛。唐人遺跡趙子摹，善書善畫今代無。善書突過元章米〔3〕，善畫追還伯時李〔4〕。先畫後書此一紙，咫尺之間兼二美。元章伯時兩人合一人，愧我一詩難寫兩人真。

〔校注〕

〔1〕趙子昂：趙孟頫，字子昂，初號水精宮道人，繼稱松雪道人，宋太祖裔孫。宋元時著名書畫家。

〔2〕驊騮：周穆王八駿之一。泛指駿馬。《荀子‧性惡》：「驊騮騏驥纖離綠耳，此皆古之良馬也。」

〔3〕元章米：北宋米芾，初名黻，後改芾，字元章，自署姓名米或為羋，米芾書畫自成一家，枯木竹石，山水畫獨具風格特點。書法也頗有造詣，擅篆、隸、楷、行、草等書體，長於臨摹古人書法，達到亂真程度。

〔4〕伯時李：宋李公麟的字。好古博學。晚年居龍眠山，號龍眠居士。擅長書畫，尤精傳寫人物，識者以為顧愷之、張僧繇之亞。

次容齋喜雪禁體二十四韻〔1〕

燠寒節若無嗟若〔2〕，不寒而燠疫癘作〔3〕。叵堪窮臘陽氣泄〔4〕，況乃炎方土風惡〔5〕。大塊積蓄久醞釀，元造斡回驟飄落〔6〕。朝曦掩翳九烏死〔7〕，夜吹呼號萬騎掠。餞歲巉轟爆竹聲〔8〕，鞭春初截土牛角〔9〕。芳芽脆甲縮芹薺，饑喙枵腸訴烏鵲〔10〕。小遲尚可詫祥瑞，大快一舉洗污濁。蟄蟲且當伏深穴〔11〕，貞松決不僕幽壑〔12〕。孤舟獨釣柳何奇，衡門空宇陶如昨〔13〕。凍手三嘔復三咻，泥屨一前仍一卻〔14〕。未妨獵騎濕鞍韉，政恐征車埋軫較〔15〕。誰方輕暖擁文貂，我欲豪飲欠金錯〔16〕。雀窺困廩絕粃糠〔17〕，蛛罥簷楹收網絡〔18〕。老人畏怯小兒喜，富翁驕傲寒士虐。蜚蝛定復掃蠻蜑〔19〕，歸雁未敢度幽朔〔20〕。銜枚猛將死不

懼〔21〕，煨芋野僧貧亦樂〔22〕。九頭鬼車悉逃遁〔23〕，三足畢方能距躍〔24〕。眼生燈暈蝶栩栩，膚澀衾棱雞喔喔。預占麥餌堆村場〔25〕，絕喜米價減郛郭〔26〕。忽得膚使奇麗句〔27〕，韻未易賡筆屢閣〔28〕。潁陰故事聚星堂，汝叟先生元祐腳〔29〕。禁體物語繼醉翁，即今再見蘇龍學〔30〕。幸公憂國僕無與，煎水烹茶聊一酌。

〔校注〕

〔1〕喜雪：猶言瑞雪。宋蘇軾《和柳子玉喜雪》詩：「燈青火冷不成眠，一夜撚鬚吟喜雪。」禁體：一種遵守特定禁例寫作的詩。據宋歐陽修《雪》詩自注、《六一詩話》及宋蘇軾《聚星堂雪詩敘》所記，其禁例大略為不得運用通常詩歌中常見的名狀體物字眼，如詠雪不用玉月犁梅練絮白舞等，意在難中出奇。

〔2〕燠：熱。

〔3〕疫癘：瘟疫。

〔4〕窮臘：古代農曆十二月臘祭百神之日。後以指農曆年底。唐楊凌《鍾陵雪夜酬友人》詩：「窮臘催年急，陽春怯和歌。」

〔5〕炎方：泛指南方炎熱地區。《藝文類聚》卷九一引三國魏鍾會《孔雀賦》：「有炎方之偉鳥，感靈和而來儀。」土風：當地的風俗。

〔6〕元造：造化，上天。亦借指天子或朝廷。

〔7〕掩翳：遮蔽。九烏：九個太陽。傳說日中有三足烏，因以烏指代太陽。《淮南子·俶真訓》「雖有羿之知，而無所用之」漢高誘注：「是堯時羿善射，能一日落九烏。」南朝梁劉孝威《結客少年場行》：「近發連雙兔，高彎落九烏。」元吳昌齡《張天師》第二折：「想當初堯王時有十個日頭，被后羿在崑崙山頂上射落九烏，止留的你一個。」

〔8〕餞歲：設酒宴送別舊歲。明歐大任《除夕九江官舍》詩：「餞歲潯陽館，羈懷強笑歡。」

〔9〕鞭春：舊俗，州縣於立春日鞭打春牛，以祈豐年。也稱「打春」。

〔10〕柉腸：腹中空虛。謂飢餓。

〔11〕蟄蟲：藏在泥土中過冬的蟲豸。

〔12〕貞松：松耐嚴寒，常青不凋，故以喻堅貞不渝的節操。

〔13〕空宇：幽寂的居室。

〔14〕卻：退。

〔15〕軫：古代指車箱底部四周的橫木。

〔16〕金錯：指金錯刀，古代錢幣名。王莽攝政時鑄造，以黃金錯鏤其文。也稱錯刀。《東觀漢記·鄧遵傳》：「詔賜遵……金錯刀五十。」

〔17〕困廩：糧倉。　　粃糠：癟穀和米糠。

〔18〕嚲（duǒ）：下垂。

〔19〕蜚：古同「飛」，指無根據的、無緣無故的。　　蜮：傳說中一種在水裏暗中害人的怪物。　　蠻蜑：南方少數民族名。多船居，稱蜑戶，也稱蛋戶。

〔20〕朔：北方。

〔21〕銜枚：枚狀如箸，兩端有帶，可繫於頸上，古代行軍時，常令士兵橫銜口中，以防喧嘩。明沈采《千金記·破趙》：「疾走銜枚，刀鎗要整齊。」

〔22〕煨芋：唐衡嶽寺有僧，性懶而食殘，自號懶殘。李泌異之，夜半往見。時懶殘撥火煨芋。見泌至，授半芋而曰：「勿多言，領取十年宰相。」見《宋高僧傳》卷十九、《鄴侯外傳》。後因以「煨芋」為典，多指方外之遇。

〔23〕鬼車：鬼車鳥，傳說中的怪鳥。唐段成式《酉陽雜俎·羽篇》：「鬼車鳥，相傳此鳥昔有十首，能收人魂，一首為犬所噬。秦中天陰，有時有聲，聲如力車鳴。或言是水雞過也。」唐劉恂《嶺表錄異》卷中：「鬼車，春夏之間，稍遇陰晦，則飛鳴而過，嶺外尤多。」宋周密《齊東野語·鬼車鳥》：「鬼車，俗稱九頭鳥，陸長源《辨疑志》又名渠逸鳥。世傳此鳥昔有十頭，為犬噬其一，至今血滴人家，能為災咎，故聞之者必叱犬滅燈，以速其過……淳熙間，李壽翁守長沙日嘗募人捕得之。身圓如箕，十脰環簇，其九有頭，其一獨無，而鮮血點滴，如世所傳。」

〔24〕畢方：傳說中的怪鳥。出現則常有火災。《山海經·西山經》：「（章莪之山）有鳥焉，其狀如鶴，一足，赤文青質而白喙，名曰畢方。其鳴自叫也，見則其邑有訛火。」趯：快步走。

〔25〕麥餌：麥餅。用小麥浸泡後連水磨成麥糊（不去麩皮），然後做成餅，貼鍋上燒烤而成。宋陸游《鄰曲》「拭盤堆連展」自注：「淮人以名麥餌。」

〔26〕郛郭：泛指城郭。

〔27〕膚使：指能圓滿完成使命的使者。漢揚雄《法言·淵騫》：「張騫、蘇武之奉使也，執節沒身，不屈王命，雖古之膚使，其猶劣諸？」李軌注：「膚，美也。」

〔28〕賡（gēng）：連續。閣：古同「擱」，停止。

〔29〕元祐：宋哲宗趙煦的第一個年號。

〔30〕龍學：宋代職官名。宋孫逢吉《職官分紀・龍圖閣・學士》：「國朝大中祥符三
　　　年，杜鎬為龍圖閣學士，班在樞密直學士之上。六年，詔龍圖閣學士、直學士
　　　給銜在本官之上。」亦省稱「龍閣」「龍學」。宋葉夢得《避暑錄話》卷上：「龍
　　　圖閣學士舊謂之老龍，但稱龍閣。宣和以前，直學士、直閣同為稱，未之有別
　　　也。末年陳亨伯為發運使，以捕方賊功進直學士，佞之者惡其下同直閣，遂稱
　　　龍學，於是例以為稱。」

卷三十六

牟巘

牟巘（1227～1311），字獻之，一字獻甫，學者稱陵陽先生。隆州井研（今屬四川）人，徙居湖州（今屬浙江），牟子才之子。以父蔭入仕，累歷浙東提刑、大理少卿，以忤賈似道去官。宋亡，不仕。討論六經，尤雄於文。著有《陵陽集》。今錄戲謔詩 13 首。

十月既望能靜飲客海棠花下即席索詩走筆一笑〔1〕

久聞使君歸，扁舟欲自載。竟負九日約，吾意良有待。今朝得得來〔2〕，適與佳辰會。名園盛眾卉，搖落不少愛。為語玉林神〔3〕，無乃風景殺。春葩發霜枝，一夜作奇怪。此花紅濕處，無如錦城最〔4〕。銜來定鴻鵠〔5〕，萬里從雪外。高情相暖熱，置酒出花背。固知是鄉人，豈不在我輩。西莊見西產，一笑心領解。主人獨妙年，有花正宜戴。胡為亦見分，無乃嘲老大。誰令開非時，故遣白髮對。君勿輕白髮，髮白老更耐。洛陽劉伯壽〔6〕，耆英典型在。醉帽仍插花，豈是兒女態。還以壽主人，風流更耆艾〔7〕。

〔校注〕

〔1〕能靜：孟淳（1264～？），字君復，號能靜。隨州人，寓湖州，之縉子。幼強記，號奇童，以父蔭入仕，元貞間累官平江路總管，歷太平、婺州、處州、信州、徽州諸路總管，以常州路總管致仕。卒諡康靖。方回有《與孟能靜飲聯句復和三首》《和孟能靜總管西莊閒居九日見招》等唱和詩。

〔2〕得得：特地。

〔3〕玉,《陵陽集》作「王」。

〔4〕錦城:城名。故址在今四川成都南。成都舊有大城、少城。少城古為掌織錦官
　　員之官署,因稱「錦官城」。後用作成都的別稱。唐杜甫《春夜喜雨》詩:「曉
　　看紅濕處,花重錦官城。」

〔5〕銜來,《陵陽集》作「御未」。

〔6〕劉伯壽:名幾,字伯壽,宋人溫叟孫。進士及第,出知邠州(今陝西彬縣)。
　　儂智高進犯嶺南,伯壽志願從軍,隨狄青擊敗智高。神宗時知保州,考績為河
　　北第一。後召任秘書監,致仕。元豐年間,奉命入太常寺定雅樂,旋加通議大
　　夫。伯壽為人品格高尚。洛陽九老之一。晚年退居嵩山玉華峰下,築室而稱玉
　　華庵主。進出多騎牛自吹鐵笛。後有異人授以養生訣,年八十一歲卒。

〔7〕耆艾:尊長;師長。亦泛指老年人。《莊子・寓言》:「重言十七,所以已言也,
　　是為耆艾。」王先謙集解:「此為長老之言,則稱引之。《釋詁》:『耆、艾,長
　　也。』」

鄉曲諸名宿不鄙老朽移樽見過風誼甚古語笑甚歡輒借昌黎人日城南詩韻少見謝意〔1〕

　　人生貴合併,造物忌嘲弄。頗與同社闊,正坐兩骭凍〔2〕。南城七日
遊,前事諸賢用。但愁茅屋陋,不足置賓從。此會豈偶然,歲月日時共
〔3〕。四癸義可取,三壬老堪送〔4〕。況有蹇東陽,初不減潘蔚〔5〕。渴吻
久已燥,樂飲宜一縱。笑談更溫克〔6〕,容與非佋傯。永言戢厚意,拜
嘉敢不重〔7〕。

〔校注〕

〔1〕名宿:素有名望的人。

〔2〕骭:小腿。

〔3〕自注:皆壬寅。

〔4〕三壬:術數家語。言人腹部有三壬,乃長壽之徵。

〔5〕蹇,周本作「賽」。　　潘蔚:今常州無錫縣潘蔚酒庫。

〔6〕溫克:《詩・小雅・小宛》:「人之齊聖,飲酒溫克。」鄭玄箋:「中正通知之人,
　　飲酒雖醉猶能溫藉自持以勝。」本謂醉酒後能蘊藉自持,後亦謂人持有溫和恭
　　敬的態度。

〔7〕戢:收藏。拜嘉:拜謝嘉惠。

仲實示中秋詩甚恨不同此樂用韻一笑病中殊無思也

　　誰其持冰炭〔1〕，晨夕鬪我庭。遙哉水帝後〔2〕，乃有此寧馨〔3〕。不受百藥鐫，奈何頑且冥。是時八月半，無雲天正清。居然作災怪，流汗如翻瓶。捕逐出八荒，弱步愁□□〔4〕。而子方真酒，賓主更醉醒。作詩調明月，顧兔下乞靈〔5〕。飲量聞小減，猶能吸南溟〔6〕。客疾掃已空〔7〕，蕩蕩白雲扃。何必效淵明，苦問神影形。吾生七望八，朏朒知幾經〔8〕。不樂復奚為，羨子鬢未星。何時定一來，眼中見鷖停。軟語到夜闌，發火烹中泠。誦子新詩篇，我亦能靜聽。

〔校注〕

〔1〕冰炭：冰塊和炭火。比喻性質相反，不能相容。或以喻矛盾衝突。

〔2〕水帝：指顓頊。我國古代傳說中五帝之一。顓頊以水德王，死後祀為北方水德之帝，故稱。《魏書·劉芳傳》：「賈逵云：『北郊，水帝顓頊，六里。』」

〔3〕寧馨：晉宋時的俗語，「如此」「這樣」之意。唐劉禹錫《贈日本僧智藏》詩：「為問中華學道者，幾人雄猛得寧馨。」宋蘇軾《平山堂次王居卿祠部韻》：「六朝興廢餘丘壟，空使奸雄笑寧馨。」

〔4〕弱步：輕盈的腳步。南朝梁簡文帝《詠舞》：「嬌情因曲動，弱步逐風吹；懸釵隨舞落，飛袖拂鬟垂。」

〔5〕顧兔：亦作「顧菟」。古代神話傳說月中陰精積成兔形，後因以為月的別名。《楚辭·天問》：「厥利維何，而顧菟在腹？」王逸注：「言月中有菟，何所貪利；居月之腹，而顧望乎？」洪興祖補注：「菟，與兔同。」

〔6〕南溟：南方大海。《莊子·逍遙遊》：「是鳥也，海運則將徙於南冥。南冥者，天池也。」

〔7〕客疾：指因外邪侵襲而成的疾病。宋蘇軾《次韻劉貢父獨直省中》：「筆老新詩疑有物，心空客疾本無根。」

〔8〕朏朒（fěi nù）：指月的盈虧。

侍輅院叔過山廬意行甚適夜過半乃知醉臥山中而親友或去或留因借淵明時運暮春篇一笑

其一

　　宿戒親友〔1〕，蓐食詰朝〔2〕。攜幼偕往，歷覽江郊。鳴吭在谷，時

雲在霄。灼灼桃華〔3〕，青青麥苗。且行且扶，且憩且濯。橋有危蹯〔4〕，湖有遐矚〔5〕。古人惜春，常苦不足。又一月多，何如其樂。狷者隱淪〔6〕，狂者詠沂。千載彭澤〔7〕，異致同歸。匪怨匪荒〔8〕，天趣發揮。大阮靜淵〔9〕，心慕以追。晝嬉我林，夕僵我廬。或醉或逃，聽客所如。林墮片月，室耿殘壺。一笑成詩，良非起予〔10〕。

〔校注〕

〔1〕宿戒：古代舉行祭祀等禮儀前十日，與祭者齋戒兩次，第二次齋戒在事前第三日進行，稱宿戒。

〔2〕蓐食：早晨未起身，在床席上進餐。謂早餐時間很早。詰朝：詰旦。《左傳·僖公二十八年》：「戒爾車乘，敬爾君事，詰朝將見。」杜預注：「詰朝，平旦。」

〔3〕桃華：桃樹所開的花。南朝梁劉勰《文心雕龍·物色》：「『灼灼』狀桃花之鮮，『依依』盡楊柳之貌。」

〔4〕蹯：踩踏的地方。

〔5〕遐矚：遠眺，遠望。

〔6〕狷者：《論語》曰：「不得中行而與之，必也狂狷乎？狂者進取，狷者有所不為也。」後來常說為：狂者狷者和中行。孔子把人的性格分成三類：狂者、狷者和中行。狂者，為性格外傾型的人，狷者為內傾型的人，中行則為中間型性格的人。他針對此三種類型的有區別地進行教育。中庸之道（中行）非常人境界，而狂者敢做敢當，勇猛進取，從善如流，是可造之材；狷者能謹慎言行，非禮不視，非禮不聽，非禮不言，非禮不動，不為惡行，潔身自好，亦有可取。

〔7〕彭澤：澤名，即今鄱陽湖，在江西省北部，又名彭湖、彭蠡。《韓詩外傳》卷三：「左洞庭之波，右彭澤之水。」一指陶淵明，陶曾任彭澤令。

〔8〕匪荒：盜匪引起的災禍。

〔9〕大阮：指三國魏後期詩人阮籍與其兄子阮咸。二人同為「竹林七賢」中人。世稱阮籍為大阮。阮咸為小阮。靜淵：猶淵默。深沉穩重。《史記·五帝本紀》：「（帝顓頊）靜淵以有謀，疏通而知事。」

〔10〕起予：《論語·八佾》：「子曰：『起予者，商也，始可與言《詩》已矣。』」何晏集解引包咸曰：「孔子言子夏能發明我意，可與共言《詩》。」後因用為啟發自己之意。

其二

摩肩趨利，市門之朝。夷然抱關〔1〕，市也亦郊。一念靜躁，懸隔壤
霄。旱火禾焚，實燉我苗。飲冰內熱〔2〕，其何能濯。大播曃昧，近或
弗矚。我有至境，反觀內足。寂寞寬閒，自得其樂。茫茫禹跡〔3〕，海
岱淮沂〔4〕。遊子倦矣，故鄉如歸。牛羊在野，舉肱一揮。既入其苙，
夫又何追。八荒我闑〔5〕，天地我廬。六鑿何有〔6〕，一席晏如〔7〕。西風
籬落，剝棗斷壺。靜以觀復，閉戶者予。

〔校注〕

〔1〕夷然：鄙視貌。抱關：監門。借指小吏的職務。亦借指職位卑微。《史記·魏
公子列傳》：「嬴乃夷門抱關者也，而公子親枉車騎，自迎嬴於眾人廣坐之中。」

〔2〕飲冰內熱：形容十分惶恐焦灼。語本《莊子·人間世》：「今吾朝受命而夕飲冰，
我其內熱與？」成玄英疏：「諸梁晨朝受詔，暮夕飲冰，足明怖懼憂愁，內心
薰灼。」

〔3〕禹跡：相傳夏禹治水，足跡遍於九州，後因稱中國的疆域為禹跡。語出《書·
立政》：「其克詰爾戎兵，以陟禹之跡。」孔傳：「以升禹治水之舊跡。」

〔4〕海岱：今山東省渤海至泰山之間的地帶。海，渤海；岱，泰山。《書·禹貢》：
「海岱惟青州。」孔傳：「東北據海，西南距岱。」唐杜甫《登兗州城樓》：「浮
雲連海岱，平野入青徐。」

〔5〕闑：門樓上的小屋。

〔6〕六鑿：指耳、目等六孔。《莊子·外物》：「心無天遊，則六鑿相攘。」成玄英
疏：「鑿，孔也。」一說，猶六情。喜、怒、哀、樂、愛、惡。陸德明釋文引
司馬彪曰：「謂六情攘奪」。

〔7〕晏如：安定；安寧；恬適。

楊求仁路教遊何道山之明日余始自洞庭歸恨不與雋遊漫趁韻一笑〔1〕

君能匜臘過苔水〔2〕，我正絕湖尋橘里。人生有數會不免，先後差池
數日耳。天教新年暫相見，握手如獲丹與砥。略似德公上冢回，徑入就
談傾底裏。如聞前月清興發，杖藜曉對南山起。蒼官掀髯自虹舉〔3〕，
清流照影時鶡峙〔4〕。我歸已晚不得陪，腳中平生信有鬼。獨留詩卷使
我和，思枯預怕搜脂髓〔5〕。小溪深處是何山，藏機一句無多子。當時

言下誰領會，只認泉石為對屧。至今遺跡記東坡，遂使此山同畏壘〔6〕。擬議固已輸一籌，躋攀銳欲窮寸晷〔7〕。真境不樂有無間，更使高人為標指。先生醉歸方熟睡，凍蠅一任鑽故紙。

〔校注〕

〔1〕楊求仁：不詳其人。

〔2〕苕水：水名。在今浙江湖州境內。

〔3〕蒼官，周本作「大笑」。　蒼官：唐人稱松柏為蒼官。《全唐文》卷七三〇唐樊宗師《絳守居園池記》：「又東騫窮角池，研雲曰柏，有柏蒼官青士擁列，與槐朋友。」

〔4〕鵠峙：亦作「鵠跱」。直立貌。

〔5〕脂髓：猶精髓。

〔6〕畏壘：借指鄉野。

〔7〕寸晷：猶寸陰。晷，日影。借指小段時間。

仲實踐約來訪又得韶甫方君同行數日語蟬聯甚慰五詩寄意甚高次韻為一笑〔1〕

其一

重腿嫌卑濕〔2〕，那堪暑雨稠。拋書事藥裹，敧枕聽溪流。何用攄孤憤，惟宜號四休〔3〕。誰能訪生死，天際有來舟。

〔校注〕

〔1〕仲實：疑為卞珏，字仲實。元人。仲祥孫，瑛弟。能書。見明狄斯彬《野志續編》。

〔2〕重腿：腳腫病。重，通「腫」。

〔3〕四休：宋孫昉別號四休居士，省稱四休。宋黃庭堅《四休居士詩序》：「太醫孫君昉，字景初……自號四休居士。山谷問其說。四休笑曰：『粗茶淡飯飽即休，補破遮寒暖即休，三平二滿過即休，不貪不妒老即休。』山谷曰：『此安樂法也。』」

其二

江河去不息，金石仰而觀〔1〕。但未隨流轉，安能制汗漫〔2〕。親情人所重，友誼古尤難。二士俱來意，遙知可歲寒。

〔校注〕

〔1〕金石：指古代鐫刻文字、頌功紀事的鐘鼎碑碣之屬

〔2〕汗漫：廣大，漫無邊際。

其三

紅帶承顏色〔1〕，青霄奮翮時〔2〕。猶尋雲弁約〔3〕，肯為水亭嬉。快婿豈嬌客，老翁真小兒。五噫且勿作〔4〕，舉案樂齊眉。

〔校注〕

〔1〕色，周本作「曰」。

〔2〕青霄：喻帝都；朝廷。奮翮：展翅，振羽。

〔3〕弁：古代一種尊貴的冠，為男子穿禮服時所戴。吉禮之服用冕，通常禮服用
　　弁。弁主要有爵弁、皮弁。

〔4〕五噫：五噫歌，詩歌篇名。相傳為東漢梁鴻所作。全詩五句，句末均有『噫』
　　字。

其四

陽羨長腰米〔1〕，儋州禿鬢翁〔2〕。相傳作佳話，好為表遺忠。收攬溪山勝，從容詩酒中。南湖未歸客〔3〕，歲晚倘來同。

〔校注〕

〔1〕陽羨：宜興，在今江蘇。秦漢時稱陽羨，故名。宋梅堯臣《得雷太簡自製蒙頂
　　茶》詩：「顧渚及陽羨，又復下越茗。」　　長腰米：亦稱「長腰鎗」。稻米的
　　品名。宋蘇軾《和文與可洋州園池》之十二：「勸君多揀長腰米，消破亭中萬
　　斛泉。」趙次公注：「長腰米，漢上米之絕好者。」

〔2〕禿鬢翁：指蘇軾。

〔3〕南湖：一名鴛鴦湖。在浙江省嘉興縣城東南。湖中有煙雨樓，為當地名勝。

其五

平湖好亭子，高出亂雲層。一水作之字，眾山羅豆登〔1〕。襟懷為爾豁，杯勺尚能勝〔2〕。卻笑鑽故紙〔3〕，窗中效凍蠅。

〔校注〕

〔1〕豆登：古代盛器，亦用作祭器。登似豆而較淺。語本《詩・大雅・生民》：「于

豆于登。」毛傳:「木曰豆,瓦曰登。豆薦菹醢也,登盛大羹也。」唐韓愈《陸
渾山火和皇甫湜用其韻》:「嗋呀鉅壑頗黎盆,豆登五山瀛四樽。」

〔2〕杯勺:亦作「杯杓」。酒杯和杓子。借指飲酒。

〔3〕鑽故紙:《景德傳燈錄·古靈神贊禪師》:「其師又一日在窗下看經,蜂子投窗
紙求出。師睹之曰:『世界如許廣闊,不肯出,鑽他故紙,驢年去其?』」後常
用「鑽故紙」比喻一味死讀古書。宋黃庭堅《題杜盤澗叟冥鴻亭》詩:「古靈
庵下倚寒藤,莫嚮明窗鑽故紙。」宋楊萬里《題唐德明建一齋》詩:「平生剌
頭鑽故紙,晚知此道無多子。」

歲在丙辰元日立春是時先人守當塗郡齋賓客雲集皆用元祐八年東坡和王仲至秦少游詩故事所謂省事天公厭雨回先人笑曰天公省事今乃多事耶今三十有九年矣追念感慨小詩聊記當時笑談之語

憶昨姑溪歲丙辰,老仙元日去班春〔1〕。當家句子頻催客,省事天公
卻笑人。紫鳳天涯今已老〔2〕,泥牛歲首又還新〔3〕。笑談誰記當時選〔4〕,
獨立東風倍愴神〔5〕。

〔校注〕

〔1〕班春:頒布春令,指古代地方官督導農耕之政令。

〔2〕紫鳳:傳說中的神鳥。亦指衣上鳳鳥花紋。南朝齊謝朓《隋王鼓吹曲·鈞天曲》:
「紫鳳來參差,玄鶴起凌亂。」唐杜甫《北征》詩:「天吳及紫鳳,顛倒在裋
褐。」唐李商隱《碧城》詩之二:「紫鳳放嬌銜楚佩,赤鱗犯舞撥湘弦。」

〔3〕泥牛:即土牛。古人風俗於立春時以泥土製牛,用此象徵春耕開始,勸農耕種。
唐張說《喜雨賦》:「越人以泥牛待沃,胡士賣土龍求費。」

〔4〕選,周本作「語」。

〔5〕愴神:傷心。宋陸游《夜登千峰榭》詩:「危樓插斗山銜月,徙倚長歌一愴神。」

長兒授館於杭每休暇過仲實家相與譚經析理間則飲酒賦詩為樂今閏秋十四日會於復軒相視而笑曰好天涼月即中秋況今歲兩中秋乎乃留飲劇論夜參半蟬聯不休情愈鬱穆予聞之甚喜因為詩寄之

共飲方酣月滿樓,劇談無寐露侵裘。此宵此景應難值,吾婿吾兒亦
罕儔〔1〕。情誼渾如同一姓,風流不負兩中秋。絕憐老子婆娑甚〔2〕,破
戒何當大白浮。

〔校注〕

〔1〕罕儔：少可相比。《南齊書·王思遠傳》：「陛下矜遇之厚，古今罕儔。」唐杜
　　甫《晦日尋崔戢李封》詩：「晚定崔李交，會心真罕儔。」

〔2〕婆娑：醉態蹣跚貌。晉葛洪《抱朴子·酒誡》：「漢高婆娑巨醉，故能斬蛇鞠旅。」
　　宋范成大《慶充自黃山歸》詩：「鳴騶如電馬如雷，知是婆娑醉尉回。」

何應龍

何應龍，字子翔，號橘潭，錢塘（今浙江杭州）人。嘗與陳允平交遊。工詩。著有《橘潭詩稿》。今錄戲謔詩 3 首。

效香奩體

雲幕重重雨未收，嫩寒先到玉簾鉤。一杯晚酒無人共，羞帶雙花下小樓。

效無題體

玉釵風斷扇雲深，砌冷簾空月易沉。流水落花無處問，一年春事一年心。

元夕戲題

從教香月轉亭西，貪看燈球忘卻歸〔1〕。挨得玉梅零落盡，蛾兒猶傍鬢邊飛〔2〕。

〔校注〕

〔1〕燈球：球形的彩燈。

〔2〕「挨得」二句：玉梅：宋時元宵節用絹或紙做的梅花，為婦女首飾之一。蛾兒：
元宵節前後插戴在頭上的剪綵而成的飾物。《武林舊事》載：「元夕節物，婦人
皆戴珠翠、鬧蛾、玉梅、鎖金合蟬、貂袖項帕……」宋辛棄疾《青玉案·元夕》
詞：「蛾兒雪柳黃金縷。笑語盈盈暗香去。」

鄧　林

鄧林，字性之，號四清社友，臨江軍新淦（今江西新幹）人，彝叔子。理宗寶祐四年（1256）進士。著有《皇荂曲》。今錄戲謔詩 1 首。

客孟氏塾戲降紫姑〔1〕

隔溪雲薄雨飄蕭，欲採荷花不見橋。釵卜無憑芳信杳，酸風空度鳳臺簫〔2〕。

〔校注〕

〔1〕紫姑：神話中廁神名。又稱子姑、坑三姑。相傳為人家妾，為大婦所嫉，每以穢事相役。正月十五日激憤而死。故世人以其日作其形，夜於廁間或豬欄邊迎之。見南朝宋劉敬叔《異苑》卷五、南朝梁宗懍《荊楚歲時記》。一說，姓何名楣，字麗卿，為唐壽陽刺史李景之妾，為大婦曹氏所嫉，正月十五日夜，被殺於廁中，上帝憐憫，命為廁神。舊俗每於元宵在廁中祀之，並迎以扶乩。事見《顯異錄》以及宋蘇軾《子姑神記》。唐李商隱《正月十五夜聞京有燈恨不得觀》詩：「身閒不睹中興盛，羞逐鄉人賽紫姑。」

〔2〕鳳臺：古臺名。漢劉向《列仙傳‧蕭史》：「蕭史者，秦穆公時人也。善吹簫，能致孔雀白鶴於庭。穆公有女，字弄玉，好之。公遂以女妻焉……公為作鳳臺，夫婦止其上。」南朝宋鮑照《升天行》：「鳳臺無還駕，簫管有遺聲。」唐黃滔《催妝》詩：「吹簫不是神仙曲，爭引秦娥下鳳臺。」

楊公遠

楊公遠（1228～？），字叔明，號野趣居士，歙縣（今屬安徽）人。由宋入元，未仕，以詩畫遊於士大夫間。有《野趣有聲畫》二卷。今錄戲謔詩 2 首。

自笑

其一

自笑人生立世難，甘辛滋味飽曾參。頭顱潦倒梅橫雪，心地通明月印潭。詩欠驚人徒著意，事多忤俗更休談。何如領略三杯酒，不必如泥只半酣。

其二

東郊結屋恰三間，景物供吟要細參。紅日射芒穿密樹，青山倒影浴寒潭。樵雖分席當時話，客為同心盡日談。最是北窗高臥處，如雷鼻息睡偏酣。

何夢桂

何夢桂（1228，1229～），字岩叟，號潛齋，嚴州淳安（今屬浙江）人。度宗咸淳元年（1265）進士，授台州軍事判官，累官至大理寺大卿，見宋室危殆，知事不可為，引疾去。入元，累徵不起。著有《潛齋集》。今錄戲謔詩1首。

為友人解無妻之嘲

自甘為牧犢，何不娶巫臣。魚目長淒斷〔1〕，雉飛徒苦辛。遠衣無與寄，孤枕有誰親。毋惜蛾眉買，黃金未是貧。

〔校注〕

〔1〕魚目：相傳鰥魚眼睛終夜不閉，舊稱無妻曰鰥，故詩文中多以魚目用為無偶獨宿或不娶之典。淒斷：謂極其淒涼或傷心。

方一夔

　　方一夔（1253～1314），字時佐，號知非子，淳安富山（今屬浙江）人。方逢辰姪。幼承家訓，壯與何夢桂諸老遊。因屢舉不第，後以薦嚴州教授。後退隱富山之麓，授徒講學，門人稱為「富山先生」。著《富山先生遺稿》10卷。今錄戲謔詩9首。

將歸戲作此以別諸友

　　新都玻璃江〔1〕，下會東陽派。南圖俟扶搖〔2〕，東首掉澎湃。千峰白雲黏，百道清泉灑。仳室舊樵貧〔3〕，釣瀨老漁怪〔4〕。桐君古仙居〔5〕，稚川昔高邁〔6〕。都忘語嘿殊〔7〕，未覺高下隘。棲身傍冷門，吐口洗殘債。針石遠相黏，鹽卵危不壞。露翰倦孤飛，金波炯三桂〔8〕。驚心歲月迤，過眼風雨快。感此桑扈鳴〔9〕，春蠶續菅蒯〔10〕。悠然耕田歌，早秧補葵芥。豈無田園念，未脫塵氛械。去來久無書，情愫不比畫。自慚樗櫟材〔11〕，曾螫蟲虺蠆〔12〕。難將西山景，少補東隅敗。妻子累寒餓，文字欺聾聵。未酬醉鄉封，暫倒仙源界。蕭散縱孤騫〔13〕，遊戲留一慨。他日對床情，為君作佳話。

〔校注〕

〔1〕玻璃江：江名。在四川省眉山縣境。波流澄瑩，故名。宋蘇軾《送楊孟容》詩：「相望六十里，共飲玻璃江。」宋陸游《記夢》詩：「千峰廬山錦繡谷，一水蜀道玻璃江。」宋范成大《玻璃江一首戲效陸務觀作》詩：「玻璃江頭春漲深，別時沄沄流到今。」

〔2〕南圖：謂南飛，南征。比喻抱負遠大。語出《莊子‧逍遙遊》：「（鵬）背負青
　　　天……而後乃今將圖南。」唐高適《東平路作》詩之一：「南圖適不就，東走
　　　豈吾心？」

〔3〕仳室：離室。

〔4〕釣瀨：特指嚴光垂釣處。後亦喻隱士隱居處。

〔5〕桐君：傳說為黃帝時醫師。曾採藥於浙江省桐廬縣的東山，結廬桐樹下。人問
　　　其姓名，則指桐樹示意，遂被稱為桐君。南朝梁陶弘景《〈本草〉序》：「又云，
　　　有桐君《採藥錄》說其花葉形色。」宋司馬光《藥圃》詩：「山相慚多識，桐
　　　君未遍知。」一說，為傳說中古仙人。

〔6〕稚川：道家傳說的仙都，為稚川真君所居。據傳唐玄宗時，僧契虛入商山，遇
　　　榇子（肩背竹簍的商販），同遊山頂，見有城邑宮闕，璣玉交映於雲霞之外。
　　　榇子指語：此仙都稚川也。至一殿，見一人具簪笏，憑玉幾而坐，其貌甚偉，
　　　侍衛環列，呵禁極嚴，曰是稚川真君。見唐張讀《宣室志》卷一。按，稚川，
　　　晉葛洪字。葛洪好神仙之事，死後，人以為其成仙。

〔7〕語嘿：謂說話或沉默。語本《易‧繫辭上》：「君子之道，或出或處，或嘿或語。」

〔8〕金波：金色的月光。《漢書‧禮樂志‧郊祀歌‧天門》：「月穆穆以金波。」謂
　　　月光皎潔柔和，如金色流波。

〔9〕桑扈：鳥名。即青雀。又名竊脂。

〔10〕菅蒯：茅草之類。可編繩索。

〔11〕榱桷：屋椽。

〔12〕螫蟲虺蠆：猶毒蟲。

〔13〕蕭散：猶蕭灑。形容舉止、神情、風格等自然，不拘束；閒散舒適。孤騫：唐
　　　楊炯《〈王勃集〉序》：「得其片言而忽然高視，假其一氣則邈矣孤騫。」宋王
　　　安石《祭陳濟宣叔文》：「嗟乎宣叔，學以為己，不溺於俗，孤騫介峙。」

以白瓷為酒器中作覆杯狀復有小石人出沒其中戲作以識其事

　　彼美白瓷盞，規模來定州〔1〕。先生文字飲〔2〕，獨酌無獻酬。咄哉
石女兒，不作蛾眉羞。憐我老寂寞，赤手屢拍浮〔3〕。子頑不乞火〔4〕，
我醉不驚鷗。無情兩相適，付與逍遙遊。

〔校注〕

〔1〕定州：定州：治今河北省定州市。據《元和郡縣志》載：「以安定天下為名也。」

〔２〕文字飲：謂文人間把酒賦詩論文。唐韓愈《醉贈張秘書》詩：「長安眾富兒，
盤饌羅膻葷，不解文字飲，惟能醉紅裙。」

〔３〕拍浮：浮游；游泳。南朝宋劉義慶《世說新語・任誕》：「畢茂世云：『一手持
蟹螯，一手持酒杯，拍浮酒池中，便足了一生。』」後因以「拍浮」為詩酒娛
情之典。

〔４〕乞火：《漢書・蒯通傳》：「里婦夜亡肉，姑以為盜，怒而逐之。婦晨去，過所
善諸母，語以事而謝之。里母曰：『女安行？我今令而家追女矣。』即束縕請
火於亡肉家，曰：『昨暮夜，犬得肉，爭鬥相殺，請火治之。』亡肉家遽追呼
其婦。故里母非談說之士也，束縕乞火非還婦之道也。然物有相感，事有適可。
臣請乞火於曹相國。」後因用「乞火」為向人說情、推薦的典故。

洪平齋有官舍見月三首與程楊二公又各次韻中秋日休諸友用韻為戲奔逸絕塵之作未能擬其萬一也〔１〕

其一

月行十三度，晝夜風輪急〔２〕。不知誰鞭策，行天出覆沒。我欲訴清
虛，雲路九萬級。梯飆空嬝嬝，月走那可及。願言住仙府，露重環佩濕。
將從匏瓜摘〔３〕，復結漢津汲〔４〕。相期無情慾，不灑孤眠泣。落杵玄霜
寒〔５〕，出削玉斧澀〔６〕。笑我南飛鳥，未辦一枝葺。歸歟定驚魄，煙霧
飽清吸。

〔校注〕

〔１〕洪平齋：洪諮夔（1176～1236），字舜俞，號平齋，於潛人（今浙江臨安），嘉
定二年（1209）進士，累官至刑部尚書、翰林學士，知制誥，加端明殿學士，
卒諡忠文。有《平齋文集》三十二卷，《平齋詞》一卷，《春秋說》三十卷傳世。
奔逸絕塵：形容跑得極快，迅速前進。絕塵，腳不沾塵土。《莊子・田子方》：
「顏淵問於仲尼曰：『夫子步亦步，夫子趨亦趨，夫子馳亦馳；夫子奔逸絕塵，
而回瞠若乎後矣。』」成玄英疏：「奔逸絕塵，急走也。」亦作「奔軼絕塵」。

〔２〕「月行」二句：《黃帝內經・素問・六節臟象》說：「夫六六之節，九九制會者，
所以正天之度，氣之數也。天度者所以制日月之行也；氣數者所以紀化生之用
也。天為陽，地為陰。行有分紀，周有道理，日行 1 度，月行 13 度而有奇焉。」
風輪：指天體。唐方干《除夜》詩：「玉漏斯須即達晨，四時吹轉任風輪。」

宋蘇軾《遷居臨皋亭》詩：「我生天地間，一蟻寄大磨。區區欲右行，不救風輪左。」

〔3〕匏瓜：星名。《史記·天官書》：「匏瓜，有青黑星守之。」司馬貞索隱引《荊州占》：「匏瓜，一名天雞，在河鼓東。」

〔4〕漢津：銀漢。亦特指十二星次中的「析木之津」，在尾與南斗之間。《爾雅·釋天》：「析木之津，箕斗之間漢津也。」郝懿行義疏：「《左傳》及《周語》並云『析木之津』。韋昭注：『津，天漢也。析木，次名，從尾十度至南斗十一度為析木，其間為漢津。』」

〔5〕玄霜：神話中的一種仙藥。《初學記》卷二引《漢武帝內傳》：「仙家上藥有玄霜、絳雪。」

〔6〕玉斧：仙斧，神斧。宋楊萬里《九月十五夜月二絕句》之一：「吳剛玉斧何曾巧，斫盡南枝放北枝。」

其二

北極跳宜碨，南瞻盡閩甌。眇觀此瀛海，浮空竟千秋。瑞光出冰輪〔1〕，千丈開雲頭。月行無厚薄，不盡離人愁。夜半北斗高，闌干壓幽州〔2〕。繁星見覆沒，如滓浮新篘〔3〕。庭虛步清影，梧桂聲颼飀。舉杯飲未醻，棹歌起漁舟。光景正清絕，賓去我獨留。飲技未必奏〔4〕，頹然老伶優。

〔校注〕

〔1〕冰輪：指明月。唐王初《銀河》詩：「歷歷素榆飄玉葉，涓涓清月濕冰輪。」宋蘇軾《宿九仙山》詩：「夜半老僧呼客起，雲峰缺處湧冰輪。」

〔2〕闌干：借指北斗，亦作「幽洲」。古九州之一。《周禮·夏官·職方氏》：「東北曰幽州。」《爾雅·釋地》：「燕曰幽州。」「燕」指戰國燕地，即今河北北部及遼寧一帶。

〔3〕新篘：新漉取的酒。

〔4〕必，舊抄本作「畢」。

其三

憶昔戰秋闈〔1〕，不復返只輪。嗟此無用學，棘猴費精神〔2〕。當時羞見月，月豈欲負人。我去月千里，月來轉情親。餘音唱窈窕，小詩鬥清新。團團桂樹影，金粟香不陳〔3〕。便當結幽佩〔4〕，凌空訪仙真〔5〕。

那知滿夜夜，此去空塵塵。翩然倚高寒，不數肇與晨〔6〕。笑渠老章句，步驟準過秦〔7〕。

〔校注〕

〔1〕秋闈：指秋試。

〔2〕棘猴：戰國宋有人請為燕王在棘刺的尖端刻猴，企圖騙取優厚的俸祿；燕王發覺其虛妄，乃殺之。事見《韓非子・外儲說左上》。後以「棘猴」喻徒費心力或欺詐誕妄。唐李白《古風》之三五：「棘刺造沐猴，三年費精神。」

〔3〕金粟：錢和糧穀。

〔4〕幽佩：用幽蘭連綴而成的佩飾。語本《楚辭・離騷》：「扈江離與薜芷兮，紉秋蘭以為佩。」宋蘇軾《刁景純賞瑞香花憶先朝侍宴次韻》：「欲贈佳人非泛洧，好紉幽佩弔沉湘。」

〔5〕仙真：道家稱升仙得道之人。唐李白《上雲樂》詩：「生死了不盡，誰明此胡是仙真？」

〔6〕肇與晨：阮肇與劉晨。二人入天台山遇神女，留宿半年而歸，人間已過七世。

〔7〕準《過秦》：以《過秦》為準則。《過秦》：即《過秦論》，漢代賈誼《新書》中的一篇。

王古樵觀予苦瘡鄙句遂自賦眉遭二韻各二首因次其韻為戲〔1〕

其一

老去瘡殘擬炙眉，暫憑酒力引風屍。久疏朋友慚多病，薄買田園費學醫。吟罷肩寒生軫粟〔2〕，坐來形槁似枯梨。浮生自笑多磨障〔3〕，畫癖書癡發舊痍〔4〕。

〔校注〕

〔1〕王古樵：不詳其人。

〔2〕軫粟（zhěn sù）：指人體因受寒而起的疙瘩。軫，通「疹」。宋代梅堯臣《戲作嫦娥責》詩：「又將清光射我腹，但覺軫粟生枯皮。」

〔3〕浮生：《莊子・刻意》：「其生若浮，其死若休。」以人生在世，虛浮不定，因稱人生為「浮生」。

〔4〕痍（yí）：傷，創傷。

其二

吾衰端不為蛾眉，不假霜鉛補漏巵〔1〕。無恙感君頻寄語，不龜媿我未逢醫〔2〕。命窮漸退星臨木，書悞無憑病發梨〔3〕。康濟自身猶未辨〔4〕，敢將蘇息問民瘼〔5〕。

〔校注〕

〔1〕霜鉛：古代女子用的化妝用品。漏巵（zhī）：亦作「漏卮」。巵：古同「卮」，古代一種作染料用的野生植物，可製胭脂。

〔2〕龜（jūn）：同「皸」，皮膚因受寒冷而皸裂。媿（kuì）古同「愧」，慚愧。

〔3〕悞（wù）：同「悮」「誤」，耽誤，疑惑。無憑：無所倚仗。唐杜甫《贈特進汝陽王二十韻》：「聖情常有眷，朝退若無憑。」王洙集注：「不挾貴也。」

〔4〕康濟：安撫救助。《書·蔡仲之命》：「康濟小民，率自中。」清趙翼《奉命出守鎮安》詩：「多少蒼生待康濟，始憐試手乏牛刀。」

〔5〕蘇息：休養生息。

其三

無端痁疥適相遭〔1〕，空苦無成似嚼螯〔2〕。瘢疕著身猶刻畫〔3〕，垢腥滿爪費爬搔〔4〕。行吟謾想歌愁絕，坐食空慚飽老饕〔5〕。偶見新詩還技癢〔6〕，寒窗細字認牛毛〔7〕。

〔校注〕

〔1〕痁疥（shān jiè）：痁，瘧疾的一種，多日一發。疥：一種傳染性皮膚病，非常刺癢，是疥蟲寄生而引起的。通常稱「疥瘡」，亦稱「疥癬」。

〔2〕空苦：佛家用語，佛教有萬事皆空，苦海無邊之說。此處詩人自言無端身遭疾病又無所成就故感而發之。

〔3〕瘢疕（bān zhǐ）：傷痕。明徐渭《書紅眼公傳》：「至於眇鬱攸輕燎原，與祝融、回祿爭雄捷，以破其圍而出，其所怗所灼者，雖曰僅兩瞳子眄耳，而瘢疕烈然為朱孔揚，是以紅眼公名聞於世。」

〔4〕爬搔：用爪甲輕抓。北齊顏之推《顏氏家訓·歸心》：「稍醒而覺體癢，爬搔隱疹，因爾成癩。」

〔5〕坐食：謂不勞而食。老饕（tāo）：極能飲食。宋代蘇軾作《老饕賦》：「蓋聚物之夭美，以養吾之老饕。」宋代吳曾作《能改齋漫錄·事實二》：「顏之推云：

『眉毫不如耳毫，耳毫不如項條，項條不如老饕。』此言老人雖有壽相，不如善飲食也。故東坡《老饕賦》蓋本諸此。」

〔6〕技癢：亦作「技懁」「技養」。有某種技藝的人遇到機會急欲表現。《文選·潘岳〈射雉賦〉》：「屏發布而累息，徒心煩而技懁。」徐爰注：「有技藝欲逞曰技懁也。」

〔7〕牛毛：比喻多或繁密、細小。晉葛洪《抱朴子·極言》：「若夫睹財色而心不戰，聞俗言而志不沮者，萬夫之中，有一人為多矣。故為者如牛毛，獲者如麟角也。」

其四

命災況復與窮遭，真似蟛蜞縛兩螯〔1〕。鱗甲棱棱便淨浴，髮鬚種種快頻搔。甕頭轑酒何妨醉〔2〕，松下餐肪不厭饕。快寫田家剜肉句，夜闌禿儘管城毛〔3〕。

〔校注〕

〔1〕蟛蜞：亦作「蟛蚑」。甲殼綱。似蟹，體小，螯足無毛，紅色；步足有毛。穴居近海地區江河沼澤的泥岸中。晉干寶《搜神記》卷七：「晉太康四年，會稽郡蟛蚑及蟹皆化為鼠。其眾覆野，大食稻為災。」

〔2〕甕頭：酒甕的口。元康進之《李逵負荊》第一折：「遮莫我臥在甕頭，直醉的來在這搭裏嘔。」轑（lǎo）酒：倒酒。

〔3〕管城：即管城子。唐韓愈《毛穎傳》以筆擬人，稱筆為管城子。後因以「管城子」為筆的別稱。宋黃庭堅《戲呈孔毅父》詩：「管城子無食肉相，孔方兄有絕交書。」宋陳淵《越州道中雜詩》之十二：「我行何所挾？萬里一毛穎。」

汪夢斗

　　汪夢斗，字以南，號杏山，績溪（今屬安徽）人。汪晫之孫。理宗景定二年（1261）魁江東漕試。咸淳間，為史館編校，以上書論賈似道誤國，忤旨，被斥歸。元至元十六年（1279），以薦召赴京，不受官而歸。有《北遊集》一卷。今錄戲謔詩4首。

高唐州戲作〔1〕

　　錯賦巫山十二峰〔2〕，西南與北偶名同。便饒真是陽臺路〔3〕，行雨才收夢亦空〔4〕。

〔校注〕

〔1〕高唐州：現為高唐縣。位於山東省西部，聊城市東北部。春秋為齊國西境高唐邑、靈丘邑地。西漢置高唐縣，屬平原郡。以後時廢時置。高唐：戰國時楚國臺觀名。在雲夢澤中。傳說楚襄王遊高唐，夢見巫山神女，幸之而去。戰國楚宋玉《高唐賦》序：「昔者楚襄王與宋玉遊於雲夢之臺，望高唐之觀。」

〔2〕巫山十二峰：巫山，戰國宋玉《高唐賦》序：「昔者先王嘗遊高唐，怠而晝寢。夢見一婦人，曰：『妾巫山之女也，為高唐之客。聞君遊高唐，願薦枕席。』王因幸之。去而辭曰：『妾在巫山之陽，高丘之阻，旦為朝雲，暮為行雨，朝朝暮暮，陽臺之下。』旦朝視之，如言，故為之立廟，號曰朝雲。」後遂用為男女幽會的典實。十二峰：巫山十二峰的名字是：集仙、聚鶴、松巒、望霞、翠屏、飛鳳、朝雲、起雲、淨壇、上升、聖泉、登龍。在今三峽之地。

〔3〕陽臺：戰國楚宋玉《高唐賦》記載，後遂以「陽臺」指男女歡會之所。

〔4〕行雨：《文選‧宋玉〈高唐賦序〉》：「妾在巫山之陽，高山之阻。旦為朝雲，暮
　　　為行雨；朝朝暮暮，陽臺之下。」李善注：「朝雲行雨，神女之美也。」因以
　　　「行雨」比喻美女。

**柯山趙公屢更麾節多在浙東西皆有美政德祐正為浙東憲入景炎猶
為閩浙招捕今被召入覲從行幕客則吳元鎮與朱景日武博景日向在
上庠亦辱識此來所館相去差遠至是出舊城方能報元鎮謁並言別故
就訪景日不遇卻因得見招捕公蒙謙接元鎮訝其無詩為贄口占三首
奉呈資一笑〔1〕**

其一

　　淒涼路入古神州，況復驅車渡白溝〔2〕。蜀主未能重造漢，商孫不免
亦侯周。九重注想聞猶告〔3〕，五事開陳動冕旒〔4〕。耿耿胸中有餘意〔5〕，
西山老碧不勝秋〔6〕。

〔校注〕

〔1〕自注：元鎮，吳安朝。景日，朱升。　　　柯山：南朝梁任昉《述異記》卷上：
　　　「信安郡石室山，晉時王質伐木，至，見童子數人，棋而歌，質因聽之。童子
　　　以一物與質，如棗核，質含之，不覺飢。俄頃，童子謂曰：『何不去？』質起，
　　　視斧柯爛盡，既歸，無復時人。」後因以「柯山」指仙人之境，多用為祝人長
　　　壽的典實。麾節：指揮旗和符節。浙東西：指杭州。德祐：恭帝趙㬎年號（1275
　　　～1276）。景炎：端宗年號（1276～1278）。元鎮：吳安朝，字元鎮。績溪人。
　　　咸淳七年（1271）進士。任衢州教授，重建州學孔廟。改禮、兵部架閣文字，
　　　太府寺丞，官至以本職參議閩浙招捕司事。入元，授池州路判官。守孝服滿，
　　　改知賀州。到任斥退衙門貪吏，選謹慎廉潔者充當，門無私謁。武博：宋代官
　　　名。上庠：古代的大學。《禮記‧王制》：「有虞氏養國老於上庠，養庶老於下
　　　庠。」鄭玄注：「上庠，右學，大學也。」

〔2〕白溝：白溝河，即拒馬河，北宋和遼國曾有「白溝議和」，並以此為界，故又
　　　名界河。宋以前，白溝就是重要的驛站。途徑白溝的古驛路，北可達上京（今
　　　內蒙古巴林左旗南），南可達汴京（即汴梁。北宋都城，今開封）。元時，河上
　　　帆檣船可駛入大運河，往南直達浙杭，明代以後，故道已湮。

〔3〕九重：指宮門。漢趙壹《刺世疾邪賦》：「雖欲竭誠而盡忠，路絕險而靡緣。九
　　　重既不可啟，又群吠之猖狂。」注想：注望思念。

〔4〕五事：使國致富的五件事。《管子·立政》：「富國有五事。五事，五經也……山澤救於火，草木殖成，國之富也；溝瀆遂於隘，障水安其藏，國之富也；桑麻植於野，五穀宜其地，國之富也；六畜育於家，瓜瓠葷菜百果備具，國之富也；工事無刻鏤，女事無文章，國之富也。」冕旒（miǎn liú）：專指皇冠。借指皇帝、帝位。

〔5〕耿耿：煩躁不安，心事重重。《詩·邶風·柏舟》：「耿耿不寐，如有隱憂。」

〔6〕自注：是日有旨召對，公上江南五事。　　西山：山名。指首陽山。在今山西省永濟縣南。相傳伯夷、叔齊隱居於此。晉陸機《演連珠》之四八：「是以吞縱之強不能反蹈海之志，漂櫓之威不能降西山之節。」

其二

遺愛曾留浙水濆〔1〕，北方正自素相聞。長途賡唱多名筆〔2〕，舊府賓寮盡富文。往昔知音有吳季〔3〕，從來難吏是朱雲〔4〕。聯鑣向闕成嚴觀〔5〕，拜得恩言定不群〔6〕。

〔校注〕

〔1〕濆（fén）：水崖。《說文》注：「濆，水崖也。」

〔2〕名筆：指有名的文章或書畫。

〔3〕知音：《列子·湯問》載：伯牙善鼓琴，鍾子期善聽琴。伯牙琴音志在高山，子期說「峨峨兮若泰山」；琴音意在流水，子期說「洋洋兮若江河」。伯牙所念，鍾子期必得之。後世遂以「知音」比喻知己。吳季：指吳安朝。

〔4〕朱雲：指朱升。

〔5〕聯鑣：猶聯鞭，喻相等或同進。《北史·甄琛傳》：「觀其狀也，則周孔聯鑣，伊顏接衽。」鑣（biāo）：馬嚼子兩端露出嘴外的部分，分道揚鑣。闕：皇帝居處，借指朝廷。

〔6〕恩言：指帝王加恩的諭旨。

其三

當年不得拜前呵，相遇今時可奈何。病骨已愁飛雪早，衰年敢謂見天多。既無上策裨朝論，惟有東還聽壤歌〔1〕。出處從知元有分，忍言兼善脫盤邁。

〔校注〕

〔1〕壤歌：即《擊壤歌》。相傳堯時有老人擊壤而歌。後成為歌頌太平盛世之典。

俞德鄰

俞德鄰（1232～1293），字宗大，自號太玉山人，原籍永嘉平陽（今屬浙江），僑居京口（今江蘇鎮江）。度宗咸淳九年（1273）浙江轉運司解試第一，未幾宋亡。入元，累受辟薦，皆不應。因性剛狷，名其齋為佩韋。其詩自然深遠，有《佩韋齋文集》十六卷。今錄戲謔詩 7 首。

聶道錄和王寅甫外郎雪詩因次韻仍依白戰體〔1〕

黑螭駕趣玄冥來〔2〕，朔風卷地飛塵埃。江南澶漫數十郡〔3〕，太半化作昆明灰〔4〕。窮陰用壯勢獵獵〔5〕，田父嚇嚇何時哉。龍公行雪亦詫事，縹緲落屑隨飆回。八荒炫晃盡一色，羽衛隔遠空黃臺〔6〕。閉門窮巷獨僵臥，餓死已分如墨胎。譁譁傳誦汝穎句，凍口久合迢然開〔7〕。當年白戰禁體物，練絮玉月銀梨梅。醉翁仙去不可作，欲追勝賞誰傳杯〔8〕。荒丘坳垤陷猊虎〔9〕，老樹浹渫封莓苔。風塵澒洞詩事廢〔10〕，巨筆把槊無雄材〔11〕。嗟余客路二千里，夢寐無復斑衣萊〔12〕。何當賓日照暘谷〔13〕，蘇息困約無繩箃〔14〕。會趨賓館賀元獻，不敢合鬧騷樽罍。

〔校注〕

〔1〕聶道錄、王寅甫：均不詳。车轍有《次韻王寅甫》詩。外郎：宋元以來對衙門書吏的稱呼。亦指縣府小吏。白戰：即「禁體詩」，禁用某些較常用的字。宋代歐陽修為潁州太守，曾與客會飲，作詠雪詩，禁用玉、月、梨、梅、絮、鶴、鵝、銀、舞、白諸字。歐陽修《雪》詩自注、《六一詩話》及蘇軾《聚星堂雪詩敘》記述了這類逞才現象。

〔2〕螭（chī）駕：傳說神仙所乘的螭龍駕的車。唐楊師道《奉和聖製春日望海》：

「仙臺隱螭駕，水府泛黿梁。」玄冥：神名。水神。《左傳·昭公十八年》：「禳火於玄冥、回祿。」杜預注：「玄冥，水神。」

〔3〕澶漫：寬長貌；廣遠貌。《文選·張衡〈西京賦〉》：「澶漫靡迤，作鎮於近。」劉良注：「澶漫靡迤，寬長貌。」

〔4〕昆明灰：劫火的餘灰。後以指戰亂。北周庾信《奉和闡弘二教應詔》：「無勞問待詔，自識昆明灰。」倪璠注引《三輔黃圖》：「武帝初，穿昆明池，得黑土。帝問東方朔，朔曰：『西域胡人知之。』乃問胡人，胡人曰：『燒劫之餘灰也。』」亦作「昆明劫灰」。

〔5〕窮陰：指極其陰沉的天氣。獵獵：象聲詞。南朝宋鮑照《上潯陽還都道中》詩：「鱗鱗夕雲起，獵獵晚風遒。」

〔6〕羽衛：帝王的衛隊和儀仗。黃台：丘名。

〔7〕逌然：閒適貌；自得貌。《列子·力命》：「終身逌然，不知榮辱之在彼也在我也。」張湛注：「逌然，自得貌。」

〔8〕追勝：尋勝，遊賞名勝。傳杯：謂宴飲中傳遞酒杯勸酒。

〔9〕坳垤：（地勢）高低不平。猊：獅子。

〔10〕澒洞：綿延；彌漫。

〔11〕槊：長矛，古代的一種兵器。

〔12〕斑衣：漢代虎賁騎士著的虎紋單衣。《史記·司馬相如列傳》「被豳文，跨野馬」裴駰集解引晉郭璞曰：「著斑衣。」司馬貞索隱引文穎曰：「著斑文之衣。《輿服志》云『虎賁騎被虎文單衣』，單衣即此斑文也。」

〔13〕暘谷：古稱日出之處。

〔14〕蘇息：休養生息。菑：初耕的田地。

戲簡友人二首

其一

百年何處築菟裘〔1〕，又向周南歎滯留〔2〕。砧韻但能淒客枕〔3〕，鴈聲渾不到歌樓。江湖輾轉魚千里，今古驅馳貉一丘〔4〕。回首金焦渺何許〔5〕，瀟瀟風雨使人愁〔6〕。

〔校注〕

〔1〕菟裘（tú qiú）：地名。在今山東省泗水縣。《左傳·隱公十一年》：「羽父請殺桓

公，以求大宰。公曰：『為其少故也，吾將授之矣。』使營菟裘，吾將老焉。」杜預注引服虔云：「菟裘，魯邑也，營菟裘以作宮室，欲居之以終老也。」後因以稱告老退隱的居處。

〔2〕周南：地名。指成周（今河南洛陽）以南。《韓非子・說林下》：「周南之戰，公孫喜死焉。」一說即洛陽。參閱《史記・太史公自序》裴駰集解引徐廣注。《史記・太史公自序》：「是歲天子始建漢家之封，而太史公留周南不得與從事。」後因以「周南」為滯留某地而毫無建樹之典。唐楊炯《百泉縣令李君神道碑》：「無階封禪，空歎息於周南；絕望夏臺，竟棲遲於漢北。」唐杜甫《晴》詩之二：「回首周南客，驅馳魏闕心。」

〔3〕砧韻：搗衣聲的美稱。唐劉得仁《秋夕即事》詩：「漏微砧韻隔，月落斗杓低。」

〔4〕貉（mò）一丘：成語「一丘之貉」的簡縮。《漢書・楊惲傳》：「秦時但任小臣，誅殺忠良，竟以滅亡，令親任大臣，即至今耳。古與今如一丘之貉。」這是楊惲借古論今，評論當時漢王朝用人的話。後用「貉一丘」謂同屬一類，沒有差別。貉：一種貌似狐狸的野獸。

〔5〕金焦：金山與焦山的合稱。兩山都在今江蘇省鎮江。金山原浮玉，因裴頭陀江際獲金，唐貞元間李騎奏改。焦山因漢焦光隱居此山得名。元薩都剌《題喜壽裏客廳雪山壁圖》詩：「大江東去流無聲，金焦二山如水晶。」

〔6〕瀟瀟：風雨急驟貌。《詩・鄭風・風雨》：「風雨瀟瀟，雞鳴膠膠。」毛傳：「瀟瀟，暴疾也。」

其二

茅齋蓬鬢靜編蒲〔1〕，誰使擔簦問客途〔2〕。萬里晴雲離塞鴈，一天明月繞枝烏。羈愁浩渺夜將半，詩思淒涼歲欲徂〔3〕。卻羨故人沉醉處，紅樓紅粉擁紅爐〔4〕。

〔校注〕

〔1〕茅齋：亦作「茆齋」。茅蓋的屋舍。《南齊書・劉善明傳》：「（善明）質素不好聲色，所居茅齋斧木而已，床榻几案不加劃削。」編蒲：編聯蒲葉以供書寫。《漢書・路溫舒傳》：「（路溫舒）父為里監門，使溫舒牧羊，溫舒取澤中蒲，截以為牒，編用書寫。」後因以「編蒲」為苦學的典故。

〔2〕擔簦：背著傘。謂奔走，跋涉。南朝宋吳邁遠《長相思》詩：「虞卿棄相印，擔簦為同歡。」

〔3〕徂：過去，逝

〔4〕紅粉：借指美女。紅爐：燒得很旺的火爐。

戲題王吉甫居壁二首〔1〕

其一

曉出西關訪直溪〔2〕，西風掠地草萋萋〔3〕。低迷岐路無人問，邢塢轉東東轉西。

〔校注〕

〔1〕王吉甫：字邦意，與王安石同時代同州人。舉為明以經科進士。熟悉法律，應試斷案合格進入等第，任為大理評事，累遷丞、正、刑部員外郎、大理少卿。

〔2〕西關：關隘名。

〔3〕萋萋：草木茂盛貌。《詩·周南·葛覃》：「葛之覃兮，施于中谷，維葉萋萋。」毛傳：「萋萋，茂盛貌。」

其二

沒馬黃塵倦入城，杖藜聊復暢幽情。卻嫌村近山林遠，一望三茅與四平〔1〕。

〔校注〕

〔1〕自注：四平，山名。　三茅：山名。

次韻張受益六言兼戲方使君二首〔1〕

其一

狎鷺亭臨野水，夢蝶床置禪齋。㝫矮金壺有酒〔2〕，葛天栗陸無懷〔3〕。

〔校注〕

〔1〕張受益：名謙，號古齋，藏有李成《看碑圖》、范寬《雪景》三幅、唐人畫《三官》、張萱《戲貓仕女》、董元《著色山水》、周昉《揮扇仕女圖》等。

〔2〕㝫（bà）矮：低矮。宋黃庭堅《謝楊景山送惠酒器》詩：「㝫矮金壺肯持送，挼莎殘菊更傳杯。」

〔3〕葛天：葛天氏，傳說中的遠古帝名。一說為遠古時期的部落名。栗陸：傳說中的上古帝王名。在女媧氏之後。

其二

燕玉公堪暖老[1]，澤室我嫌犯齋。世事不均如此，臨風渺渺余懷。

〔校注〕

〔1〕燕玉：如玉的燕地美女。亦泛指美女。唐杜甫《獨坐》詩之一：「暖老須燕玉，充饑憶楚萍。」仇兆鰲注：「舊注：古詩：『燕趙多佳人，美者顏如玉。』須燕玉，所謂八十非人不暖也。」一說，指楊伯雍種玉事。伯雍種玉之無終山為燕地，故稱美玉為「燕玉」。錢謙益箋注「顧大韶曰：燕玉，正用玉田種玉事也。按《搜神記》：伯雍葬父母於無終山，有人與石一斗，令種之。玉生其田。北平徐氏有女，伯雍求之，要以白璧一雙。伯雍至玉田，求得五雙，徐氏妻之。在北平城西北百三十里，有無終城，故燕地也，今為玉田縣。」

劉辰翁

劉辰翁（1232～1297），字會孟，號須溪。廬陵（今江西吉安）人。理宗景定三年（1262）考進士，因廷試對策觸犯當時權奸賈似道，被列入丙等。做過濂溪書院山長。恭帝德祐元年（1275），文天祥起兵勤王，劉辰翁參加抗元鬥爭。宋亡後，隱居故鄉江西廬陵山中，從事著述。生平著作頗豐，今傳《須溪集》十卷。今錄戲謔詩 2 首。

戲題

無人知坦腹，水影半簾苔。驚謂青蟲墮，垂絲忽上來。

漁歌效陳自堂作〔1〕

石頭城落淮水〔2〕，劉郎浦對伍洲〔3〕。越沼吳湖安在〔4〕，月明人唱湖州〔5〕。

〔校注〕

〔1〕陳自堂：作者朋友，不詳其人。

〔2〕石頭城：古城名。又名石首城。故址在今江蘇省南京市清涼山。本楚金陵城，漢建安十七年孫權重築改名。城負山面江，南臨秦淮河口，當交通要衝，六朝時為建康軍事重鎮。唐以後，城廢。

〔3〕劉郎浦：又名劉郎狀，「繡林十景」之一，位於湖北省石首市城北的長江北岸，是一個渡口，原名浦口。伍洲：即蘆洲，蘆洲在武昌西。昔伍胥去楚出關，於江上求渡，漁父歌曰：「灼灼兮已私，與子期兮蘆之漪」。子胥既渡，解劍與之，

辭不受，漁父遂覆舟而死，即其處。《水經注》：漢邾縣故城，南對蘆洲。蘇軾
曰：武昌縣劉郎狀正與蘆洲相對，伍子胥奔吳所從渡江也，亦曰伍洲。

〔4〕越沼：即春秋時期，越國都城越池，在今紹興。吳湖：即春秋時期吳國都城姑
蘇，即今無錫。

〔5〕湖州：在今浙江省北部。

周　密

　　周密（1232～1298），字公謹，號草窗，原籍濟南，流寓吳興（今屬浙江），居弁山，自號弁陽嘯翁，又號蕭齋、華不注山人及四水潛夫。淳祐中，為義烏（今浙江縣名）令，入元不仕，寓居杭州。著作甚多，詩詞集有《蠟屐集》《草窗詞》（又稱《蘋洲漁笛譜》），另有《齊東野語》《癸辛雜識》《志雅堂雜鈔》《浩然齋雅談》等多種筆記。今錄戲謔詩 6 首。

戲題製荷吟

　　多事紉蘭襞菊裳〔1〕，等閒吟褐付秋塘。正須太華峰頭葉〔2〕，底用成都郭外桑〔3〕。

〔校注〕

〔1〕紉蘭：《楚辭·離騷》：「扈江離與辟芷兮，紉秋蘭以為佩。」後以「紉蘭」比喻人品高潔。紉：採集，編織。蘭：秋蘭，一種香草。襞（bì）：折疊衣裙。《漢書·揚雄傳》：「固不如襞而幽之離房。」注：「疊衣也。」

〔2〕太華峰頭：韓愈《古意》詩：「太華峰頭玉井蓮，花開十丈藕如船。」太華：山名。即西嶽華山，在陝西省華陰縣南，因其西有少華山，故稱太華。

〔3〕成都郭外桑：《三國志》載：「初，亮自表後主曰『成都有桑八百株，薄田十五頃，子弟衣食，自有餘饒。」

嘲少年

　　步障飛韉事俊遊〔1〕，錦圍簫鼓按涼州〔2〕。海棠枝上千枝蠟，肯信人間有暮愁。

〔校注〕

〔1〕步障：亦作「步鄣」。用以遮蔽風塵或視線的一種屏幕。李煜《梅花》：「阻風
　　開步障，乘月溉寒泉。」韉（jiān）：襯托馬鞍的墊子。俊遊：快意的遊賞。

〔2〕涼州：樂府《近代曲》名，屬宮調曲。原是涼州一帶的地方歌曲，唐開元中由
　　西涼府都督郭知運進。

友人話京都舊遊戲成

　　江湖落魄憶芳年，曾賦名都結客篇〔1〕。九陌舞香元夜燭，六橋歌月
禁煙船〔2〕。紅簾顧曲纏頭錦〔3〕，紫陌尋芳買笑錢〔4〕。老去風情渾減盡，
一窗聽雨對花眠。

〔校注〕

〔1〕結客篇：曹植有《結客篇》。

〔2〕六橋：浙江杭州西湖外湖蘇堤上之六橋：映波、鎖瀾、望山、壓堤、東浦、跨
　　虹。宋代蘇軾所建。亦指西湖裏湖之六橋：環璧、流金、臥龍、隱秀、景行、
　　濬源。禁煙：猶禁火。

〔3〕纏頭錦：用作纏頭的羅錦。借指買笑尋歡的費用。古代歌舞藝人表演完畢，客
　　以羅錦為贈，稱「纏頭」。

〔4〕紫陌：指京師郊野的道路。

有以漁舟唱晚作圖命題擬試者因戲成三首

其一

　　絕妙王郎句〔1〕，無聲小米圖〔2〕。舷歌天地闊，笠釣水煙孤。暮色
分濃淡，餘音似有無。臥遊千里外〔3〕，展卷欲思鱸〔4〕。

〔校注〕

〔1〕王郎：王庭筠，金代文學家、書畫家。字子端，號黃華山主、黃華老人、黃華
　　老子，別號雪溪。金代遼東人（今營口熊岳），米芾之甥。庭筠文名早著，文
　　詞淵雅，字畫精美，《中州雅府》收其詞作十六首，以幽峭綿渺見長。

〔2〕小米：稱宋代米友仁。《宋史·文苑傳六·米芾》：「（米芾）子友仁，字元暉，
　　力學嗜古，亦善書畫，世號小米。」

〔3〕臥遊：謂欣賞山水畫以代遊覽。

〔4〕思鱸：喻思鄉歸隱。見《世說新語・識鑒》。

其二

展卷身疑在，西山南浦前〔1〕。數聲秋水笛，一葉夕陽船。興寄滄浪外〔2〕，機忘欸乃邊〔3〕。欲參聲畫趣，細玩濯纓篇〔4〕。

〔校注〕

〔1〕西山：山名。在四川省北部，為岷山主峰。也稱雪嶺。唐代杜甫《野望》詩：
「西山白雪三城戍，南浦清江萬里橋。」南浦：古水名，在今武漢市南。唐代
李白《江夏行》：「適來往南浦，欲問西江船。」王琦注引《太平寰宇記》：「南
浦，在鄂州江夏縣南三里……以其在郭之南，故曰南浦。」此指畫中山水名。

〔2〕滄浪：《孟子・離婁上》：「有孺子歌曰：『滄浪之水清兮，可以濯我纓；滄浪之
水濁兮，可以濯我足。』」後遂以「滄浪」指此歌。

〔3〕欸乃：象聲詞。泛指歌聲悠揚。

〔4〕濯纓（zhuó yīng）：洗濯冠纓。見上。後以「濯纓」比喻超脫世俗，操守高潔。

其三

浦雲山雨意，都向筆端生。一笛山水綠，半篙煙浪清。淺深天似暝，聚散雁如驚。誰寫無聲句，無聲勝有聲。